지역 매니지먼트
효과와 재원

지역 매니지먼트 효과와 재원

인쇄 2023년 5월 20일 1판 1쇄 **발행** 2023년 5월 25일 1판 1쇄

편저 고바야시 시게노리 · 모리기념재단 **공역** 이삼수 · 윤장식 · 송준환
펴낸이 강찬석 **펴낸곳** 도서출판 미세움
주소 (07315) 서울시 영등포구 도신로51길 4
전화 02-703-7507 **팩스** 02-703-7508 **등록** 제313-2007-000133호
홈페이지 www.misewoom.com

정가 18,000원

ISBN 979-11-88602-60-5   03320

지역 매니지먼트 효과와 재원

고바야시 시게노리 · 모리기념재단 편저

이삼수 · 윤장식 · 송준환 공역

일러두기

1. 'area management'와 관련하여 우리나라에서는 지역관리 또는 지역의 관리운영 등으로 정의되고 있으나, 아직 명확한 용어의 정의는 없는 상태입니다. 일본에서는 약자로 에리마네(エリマネ)로 사용되고 있습니다. 이 책에서는 area management를 '지역 매니지먼트'로 표기하였습니다.

2. 인명, 지명 및 외래어는 굳어진 것은 제외하고 국립국어원의 외래어 표기법과 용례를 따랐습니다.

3. 여러 차례 저작권 협의 요청에도 불구하고 연락이 닿지 않아 저작권 협의를 거치지 못하고 게재한 사진에 대해서는 추후 협의 요청이 있을 시 응할 것임을 밝힙니다.

시작하며

    2018년 6월에 모리기념재단이 발간한 《도시의 가치를 높이는 지역 매니지먼트》의 중심 주제는 지역 매니지먼트 활동과 그 활동 공간이었다. 우선 지역 매니지먼트 활동의 실제를 일본 사례를 중심으로 소개하고, 미국, 영국, 독일 등의 BID 활동도 언급하였다. 이와 더불어 지역 매니지먼트 활동을 전개하는 공간이 공공공간을 포함하여 다양화되는 점에서 공공공간을 활용하기 위한 체계가 공공과 민관의 협력으로 만들어지고 있다는 점도 소개하고 있다.

    이 책은 지역 매니지먼트^{area management} 제2탄으로 지역 매니지먼트 활동에서 빼놓을 수 없지만 일본과 해외를 비교해 다소 뒤처졌다고 생각되는 지역 매니지먼트 활동 재원의 확보와 관련한 내용을 정리하였다. 이와 함께 지역의 이해관계자^{stakeholder}가 활동자금을 부담하는 근거가 된다는 점에서 지역 매니지먼트 활동의 효과 및 성과를 표현하는 방법을 소개하고 있다.

    또한 지역 매니지먼트 활동을 체계적으로 추진하는 데에는 비교적 큰 재원으로 활동하기 위한 조직체계의 정비가 필요하다는 점에서 지역 매니지먼트 조직에 관해서도 정리하였다.

1. 지역 매니지먼트 체계의 필요성과 활동재원

인구성장이 지속된 성장도시의 시대에는 시가지의 확대 및 경제성장을 위해 도로, 공원, 상하수도, 공항, 항만 등의 하드웨어적인 사회 인프라가 필요했으며, 재정자금을 활용한 '사회자본 정비'가 중요하였다.

그러나 성숙도시의 시대에는 이러한 사회 인프라를 대신하여 지역에 관련된 토지소유자, 사업자, 주민, 이해관계자 등이 만든 사회적 조직에 의해 지역의 지가를 높이고 유지하는 '사회관계자본' 기반의 체계가 만들어졌으며, 이해관계자가 스스로 부담하고 활동재원을 만들어내어야 하는 필요성이 인식되어 왔다.

이는 이해관계자가 서로 신뢰관계를 만든 다음, 도시만들기 가이드라인 등의 규범을 만들고 지역의 이해관계자가 먼저 자금을 내고 행정이 뒤따라 지원하는 도시만들기 활동을 추진해 가는 관계다. 즉, 이전에는 인프라 정비로서 하드웨어적인 '사회관계자본'이 추진되면서 지역의 가치를 높여 왔다면, 최근에는 이와 더불어 '사회관계자본 구축'에 의한 소프트웨어적인 사회 인프라 구축으로 지역 매니지먼트 활동을 추진하여 지역가치의 향상을 도모하는 새로운 체계가 만들어져 왔다.

2. 지역 매니지먼트 활동 재원 문제와 재원 확보의 제도화 움직임

지속가능한 지역 매니지먼트 활동을 추진하기 위해서는 어느 정도 재원이 필요하다. 이와 관련하여 해외에서는 BID 등의 제도 및 체계, 즉 '강제적 징수권을 수반한 세금과 동일한 재원조달'이 이루어지고 있다. 그러나 일본에서는 아직까지 BID와 같은 체계가 충분히 정비되어 있지 않다. 이 때문에 일본의 지역 매니지먼트 단체는 회비, 관리업무 수탁, 지역 매니지먼트 광고사업, 공간 활용 사업 등을 추진하면서 재원을 확보해 오고 있다.

이러한 대표적인 움직임이 지역 매니지먼트 광고사업이다. 이 활동은 다이마루유 지구의 활동 등에서 본격적인 움직임이 나타났으며, 일정 부분 효과를 내고 있다. 지역 매니지먼트 등의 활동을 통하여 생겨난 매력적인 공간인 가로공간을 활용하며, 그 공간에 민간사업자의 광고를 배너, 깃발과 같은 형태로 게시하여 민간사업자에게 광고게재료를 받아 지역 매니지먼트 활동에 활용하는 것이다.

이러한 활동 중에서 최근 일본에서도 지역 매니지먼트 활동의 재원을 확보할 수 있는 제도가 만들어지고 있다. 이미 오사카판 BID 조례와 같은 형태로 지자체가 독자적으로 실현하고 있기에 국가도 2018년에 지역 매니지먼트 법제가 지역재생 지역 매니지먼트 부담금제도로서 실현되었다.

해외의 BID 제도와 일본의 지역재생 지역 매니지먼트 부담금제도는 '강제적 징수권을 수반한 세금과 동일한 재원조달'제도이며, 지역 매니지먼트 활동이 이와 같은 형태로 재원을 조달하는 것이 이에 맞는 효과를 실현하고 있는지를 검토할 필요가 있다. 일본에서는 지역재생 지역 매니지먼트 부담금제도의 활용과 관련하여 매우 중요한 과제가 되고 있다.

3. 지역 매니지먼트 활동의 효과를 평가한다

앞에서 설명한 바와 같이 지역 매니지먼트 활동과 수반하여 지역의 이해관계자로부터 필요하다면 강제적인 재원의 조달은 지여 매니지먼트 활동의 효과를 평가하는 체계가 필요하다. 많이 사용되는 평가체계로 PDCA 사이클이 있다. 즉, PLAN, DO, CHECK, ACTION이라는 일련의 움직임에 의해 지역 매니지먼트 활동의 성과를 확인하고, 이를 지역의 이해관계자에게 연차보고 등의 형태로 보고하고, 차년도의 활동에 반영해 가는 과정이다. 해외의 BID 활동에서는 일반적이며, 이를 통해 지역 매니지먼트 활동의 지속성을 높임과 동시에 지역 매니지먼트 활동의 지속가능성의 근원인 활동재원의 확보에도 연결된다. 일본의 하카타텐진博多天神 지구地區에서는 가이드라인에 평가수법으로 PDCA 사이클의 활용을 명시하고, 평가축 또한 구체적으로 설정하고 있다.

내각부의 지역재생 지역 매니지먼트 부담금제도는 지역 매니지먼트 활동의 효과로서 지가 상승 또는 매출 증가 등을 상정하고 있으며, 우선 정량적인 확인을 필요로 하고 있다. 그러나 지역 매니지먼트 활동이 가져올 지역에 대한 기여는 지가 상승 또는 매출 증가뿐만 아니라 아래와 같은 다양한 관점에서 제도 운용상 다양한 평가체계를 고려할 필요가 있다.

첫째, 지역의 많은 이해관계자들이 함께 만드는 마을만들기 가이드라인 등을 통해 지역 매니지먼트의 일관된 방향성으로 지역가치의 상승이다. 구체적으로는 경관 통일 및 광고규제와 광고사업의 일체적인 매니지먼트를 통한 지역가치의 향상이다.

둘째, 지역의 많은 이해관계자가 신뢰성 있는 관계성(지역 매니지먼트 조직 결성 등)을 연결함으로써 실현되는 구체적인 이익이며, 주차장의 공동이용에 의한 부속 의무 주차장 대수의 저감 등의 이익이다.

셋째, 지역의 이해관계자가 신뢰성 있게 관계성을 연계함으로써 개별 이해관계자의 비용을 저감하여 지역조직에 일정 부분 이익을 주는 것이다. 구체적으로는 지역의 소비전력 계약을 일원화함으로써 전력회사와 계약상 우위로 비용을 저감하는 것 등이다.

이에 더해 지역 매니지먼트 활동의 효과를 측정하는 방법도 다양하게 생각할 수 있으며, 수법개발의 연구도 진행되고 있다. 이 중 헤도닉 분석법, 가상가치평가법, 컨조인트 분석법 등 몇 가지는 실제 지역 매니지먼트 효과 측정에 사용되고 있다. 이 책에서는 실제 활용사례를 포함하여 소개한다.

4. 지역 매니지먼트의 조직과 조직화

지역 매니지먼트의 활동이 지역에 효과를 가져올 전제 조건으로 지역의 가치를 유지·향상시키고, 새로운 지역가치도 창출하기 위한 시민·사업자·토지소유자 등에 의한 주체적인 대응이 필요하다. 이를 위해 조직화가 진행되고 있으며, 이것이 지역 매니지먼트 조직의 전개다.

지역 매니지먼트에서 조직의 설립은 구체적인 활동을 하기 위한 기본사항이며, 실시하고자 하는 활동내용에 따라 설립할 조직형태는 다르다. 지역 매니지먼트의 조직화는 당연한 것이면서 일정 '지역'을 대상으로 하고 있다.

이 일정 '지역'은 마을만들기 협의회와 같이 임의의 유연한 조직인 경우는 '지역'의 경계를 확정하지 않는 것이 일반적이다. 한편, 지역 매니지먼트 활동이 전개되고 법인격을 가진 조직인 경우는 일반적으로 경계를 확정할 필요가 있다. 이는 '지역' 내에서 일정한 구속력 있는 관계가 만들어지기 때문이다. 지역 매니지먼트가 발전하고 활동이 확대되고 다양화되면 새로운 조직의 설립이 필요한 경우도 있다.

일반적으로 처음에는 임의단체로서 협의회 형식이었다가 곧 법인조직으로 이행하는 경우, 혹은 협의회 내에 법인조직을 가진 2층 구조의 조직이 되는 경우도 있다.

지역 매니지먼트 조직의 중층성이 필요한 이유는 임의조직으로서 마을만들기 협의회의 활동이 전개되면 협의회로서 금전문제를 비롯한 다양한 책임을 지는 경우가 생기지만, 마을만들기 협의회와 같은 임의조직의 경우에는 협의회 회장이 혼자 책임을 지게 된다. 이 때문에 마을만들기 협의회를 중심으로 지역 매니지먼트를 추진해 온 지역에서도 조직 자체를 주식회사, NPO 법인, 사단법인 등으로 법인화하거나 마을만들기 협의회와 병행한 법인조직을 두는 경우가 생겨나고 있다.

임의조직인 마을만들기 협의회와 법인조직을 병렬로 두는 경우도 많다. 이는 '지역'에 관련된 다양한 사람들이 마을만들기에 관여하도록 하기 위해서는 임의조직이 적절한 반면, 임의조직만으로는 처리할 수 없는 사항이 생기기 때문에 법인조직이 필요하게 되기 때문이다. 즉, 지역 매니지먼트 활동을 추진해 가면서 법인격을 가진 조직이 아니면 할 수 없는 상황이 생기기 때문이다. 새로운 지역재생 지역 매니지먼트 부담금제도에서는 기존의 법인조직을 전제로 제도가 설계되었지만 도시재생 추진 법인이라는 법인화도 장려되고 있다.

이 책은 지역 매니지먼트 활동을 추진하는 과정에서 무엇보다도 큰 과제인 활동재원 확보와 이와 관련한 효과의 측정·평가에 대하여 정리하고 있다. 재원 확보를 실현하는 제도로 지역재생 지역 매니지먼트 부담금제도가 생겨났기 때문에 우선은 활발한 활동을 전개하고 있는 지역 매니지먼트 조직의 관계자가 읽어보기를 권하고 싶다.

　동시에 현시점에서는 지역 매니지먼트 조직으로 활동하고 있지는 않지만 전 단계의 활동을 추진하고 있는 많은 관계자에게 추천하며, 재원문제와 제도의 방향에 대해 폭넓은 의견교환이 실현되기를 기대하고 있다.

　더욱이 지역 매니지먼트 활동의 효과와 관련해서는 반드시 새로운 제도로서 존재하지 않는 논의 가능한 자료도 제공하고 있기 때문에 연구자 등에게도 의견을 듣기를 원한다. 이 책의 출판이 지역 매니지먼트에 관심을 가진 많은 사람들의 눈을 뜨게 하고, 관계자들 사이에서 유용한 논의가 시작되기를 기대한다.

2020년 2월

고바야시 시게노리 小林重敬

역자 서문

 2021년에 번역서 《도시의 가치를 높이는 지역 매니지먼트》 발간 이후 많은 고민을 했다. 과연 우리나라에서 일본의 지역 매니지먼트^{Area Management}를 어떻게 이해하고, 실제 적용할 수 있는 답을 찾을 수 있을 것인지에 대한 의구심이었다.

 그리고 1년이 지난 지금 《지역 매니지먼트의 효과와 재원》이라는 책을 번역하게 된 계기는 많은 분들의 격려와 함께 후속 작업에 대한 기대가 보였기 때문이다. 우리나라에서는 아직 지역 매니지먼트가 생소하기는 하지만 우리가 꼭 배워야 하고 필요한 내용이라는 점이 큰 힘이 되었다. 우리나라에 지역 매니지먼트를 확실히 소개해야겠다는 결자해지의 심정이기도 했다.

 이 책은 첫 번째 번역서인 《도시의 가치를 높이는 지역 매니지먼트》보다는 빠르게 진행되었다. 무엇보다도 두 번째 출간 작업에 참여한 저자, 번역자 및 출판사 모두가 첫 번째 책과 동일하였기 때문이었다. 어찌 보면 완벽한 원팀이었다.

 이 책은 《도시의 가치를 높이는 지역 매니지먼트》에서 간단히 소개한 지역 매니지먼트의 효과와 재원을 보다 구체적으로 정리하고 있다. 주요 내용은 지역 매니지먼트 제도의 시스템과 재원 및 과세, 지역 매니지먼트 활동의 효과, 효과를 내는 조직과 공공과 민간의 연계 방향, 그리고 지금부터의 지역 매니지먼트의 방향 등을 소개하고 있다.

아마 이 책을 읽는 많은 독자분들도 같은 생각일 것이다. '지역 매니지먼트의 효과가 뭘까?', '지역 매니지먼트를 하면 우리 마을이 좋아질까?', 그리고 '지역 매니지먼트를 하려면 돈이 많이 들지 않을까?' 등이다. 지역 매니지먼트는 지역에서 성과를 낼 수 있는 활동을 하고, 이에 필요한 재원을 조달하는 것이 기본이다. 그리고 이 성과를 기반으로 하여 활동을 점차 확대하고, 이에 필요한 다양한 재원을 조달해 나가는 것이 중요하다. 이러한 측면에서 이 책은 일본의 지역 매니지먼트뿐만 아니라 외국의 BID 제도도 함께 소개하고 있다.

우리나라는 어떤 사업을 추진하든 간에 성과 및 재원조달에 집착하고 있다. 이 책은 지역 매니지먼트의 효과를 어떻게 바라볼 것인가에 대한 시각과 더불어 재원조달의 방향, 그리고 효과를 낼 수 있는 조직 등 다양한 시각을 제시하고 있다.

우리나라의 도시재생도 이제 10년을 맞이하고 있다. 하지만 새로운 정부가 들어서고 도시재생 정책방향도 크게 변화하는 시점에서 지역 매니지먼트가 도시재생에 방향성을 제시할 수 있을 것이다. 이러한 과정에서 지역 매니지먼트는 도시재생사업이 완료된 이후에도 지역의 지속가능한 발전을 위한 새로운 방향과 역할이라 할 수 있다. 아울러 지역 매니지먼트는 지역 스스로가 지역문제를 도출하고, 이를 해결하는 과정에서 지역이 주체적으로 지역 발전을 이끌어가는 것이다.

지역 매니지먼트가 제대로 정착되기 위해서는 중앙정부-지자체-지역주민의 거버넌스가 중요하다. 그리고 기존 공공 및 지역주민뿐만 아니라 지역 기업과 지역에서 일하는 직장인, 방문객 등의 역할도 중요하다. 최근 우리나라에서도 로컬 매니지먼트나 타운 매니지먼트라는 용어가 자주 등장하고 있다. 이러한 측면에서 이 책이 우리나라의 지역 매니지먼트가 정착하는 데 작은 씨앗이 되기를 바란다.

작은 기대지만 이제는 일본의 지역 매니지먼트를 단순히 소개하는 것이 아닌, 우리나라의 지역 매니지먼트가 하루 빨리 뿌리내려 우리의 멋진 사례를 책으로 발간하는 날이 왔으면 한다.

두 번째 번역작업에도 기꺼이 함께 해 주신 일본의 지역 매니지먼트 전문가이신 요코하마 국립대학의 윤장식 교수와 야마구치 대학의 송준환 교수께 특별히 고마움을 드린다. 그리고 두 번째 지역 매니지먼트 번역서 발간에도 흔쾌히 수락해 주시고 많은 도움을 주신 미세움의 임혜정 편집장님과 관계자 분들께도 감사드린다.

마지막으로 《지역 매니지먼트의 효과와 재원》의 번역서 출간도 흔쾌히 승낙해 주신 모리기념재단의 고바야시 이사장님과 자료 제공 등 물심양면으로 지원해 주신 모리기념재단의 소노다 선생, 그리고 일본 학예출판사 관계자 분들께도 다시 한 번 깊이 감사드린다.

2023년 5월
역자를 대표하여
이삼수 드림

차 례

제2장 지역 매니지먼트 활동의 효과를 어떻게 전달할 것인가?

지역 매니지먼트 제도의
시스템과 재원, 과세

일본의 지역 매니지먼트 활동은 다이마루유 지구, 롯폰기힐즈 지구를 시작으로 20년 이상의 역사를 축적하고 있으며, 하카타텐진 지구, 오사카 우메다 그랜드 프런트 지구, 삿포로역 앞 도로 지역 등도 10년 가깝게 활동을 해오고 있다. 더욱이 2016년에 열린 전국 지역 매니지먼트 네트워크 결성을 계기로 지방도시를 포함한 지역 매니지먼트 조직이 생겨 활발하게 활동하고 있다.

이러한 와중에 전국 지역 매니지먼트 네트워크를 통해 활동 실태에 관한 설문조사를 실시한 결과, 재원 문제가 일본의 지역 매니지먼트 활동의 가장 크고 기본적인 과제로 지적되었다. 더욱이 재원 문제는 단순히 재원 문제에 그치지 않고 활동을 담당하는 인재 확보 문제로 연결되는 것에 주목할 필요가 있다.

최근, 전국 지역 매니지먼트 네트워크에서는 미국, 영국, 독일 등의 BID 활동 단체와 교류를 시작하고 있다. 교류를 통해 외국의 BID 활동은 제도에 기반한 징수로 재원을 확보해 지역 매니지먼트 활동을 유지하고 있다는 사실을 다시 한 번 확인하게 되었다. 즉, 이번 장의 후반에 소개하는 대부분의 해외 BID 활동은 무임승차자를 인정하지 않고 강제 징수를 포함한 징수 제도에 의해 많은 재원을 확보하고 있다.

일본에서도 징수 제도의 필요성에 관한 인식은 이전부터 있었는데 그 효시로 오사카판 BID 제도로 불리는 징수 제도가 2014년에 시행되어 JR 오사카역 북측의 대규모 복합시설 '그랜드 프런트 오사카'를 포함한 '우메키타 선행개발구역(7㏊)'에서 2015년 4월부터 제도 운용을 시작하였다. 하지만 이러한 사례는 현재에도 그랜드 프런트 오사카 지구 한 곳에 그치고 있고, 또한 징수 제도가 지방자치법의 분담금에 근거한 것이기 때문에 그 용도가 지역 매니지먼트 활동에 있어서 가장 기본적인 활동인 '활기 창출'에는 사용할 수 없다는 한계를 가진 제도로 생겨났다.

이러한 점에 대응하여 2018년 내각부에서는 지역재생 지역 매니지먼트 부담금제도를 만들었다. 이 제도는 오사카판 BID 제도의 한계였던 징수를 통해 확보한 재원을 '활기 창출'에 사용하지 못하던 단점을 보완한 제도였다. 따라서 제도 활용이 기대되고, 앞으로 실제 사례도 나타날 것으로 보인다.

또한, 실제로 재원 문제는 과세 문제에 연결되어 있다. 현재 많은 지역 매니지먼트 단체는 뒤에서 기술하는 다양한 노력으로 재원을 확보하고 있지만 그렇게 확보한 재원에도 세금이 부과되고 있어, 이러한 과세제도 문제, 나아가 과세에 관련된 조직 문제가 제기되고 있다.

과세에 관련된 조직 문제는 다음과 같다. 일본 지역 매니지먼트 단체는 아직 임의 조직이 많다. 임의 조직도 다양한 활동에 자금을 사용하는 경우가 있지만, 모든 책임은 조직 대표인 회장 개인이 지게 되어 있어 활동 자금이 커지는 경우에는 문제가 되고 있다. 또한, 행정과 연계한 지역 매니지먼트 활동이 최근에 늘어나고 있어 행정지원을 보조금 형태로 받는 경우가 있지만 임의 조직의 경우에는 조직 대표가 개인적으로 받게 되어 행정이 보조금을 지원하는 데 문제가 되고 있다고 생각된다. 그래서 법인 조직으로 변경하는 지역 매니지먼트 조직도 늘어나고 있다. 구체적으로는 일반 사단법인, 특정 비영리활동법인(NPO 법인), 주식회사 등이 있다. 사단법인, NPO 법인도 뒤에서 등장하는 공익 사단법인, 인정 특정 비영리활동법인(인정 NPO 법인)이 아니라면 피할 수 없는 과세 문제에 대해 최근에는 조직을 주식회사로 변경하여 수익 활동과 활동비용의 균형을 통해 과세 문제에 대처하는 사례도 있다.

1-1

지역 매니지먼트 활동 재원의 실제

　2011년 무렵부터 지역 매니지먼트 활동에 관한 교류회와 포럼이 개최되어 지역 매니지먼트 단체가 겪는 과제를 공유하기 시작하였다. 대부분의 지역 매니지먼트 단체는 '재원 확보'를 과제로 인식하고 있어 계속해서 활동을 이어가는 방법을 찾고 있다. 여기서는 재원 확보에 관한 사례와 지역 매니지먼트 단체의 수입 내용을 소개한다.

지역 매니지먼트 활동 중의 과제

　지역 매니지먼트 활동 중, 지역 매니지먼트 단체는 여러 과제에 직면하고 있다. 미타라이御手洗 등은 지자체 574개 단체를 대상으로 설문조사를 실시하여 지역 매니지먼트 단체가 '재정', '인재', '인지도', '제도'에 관한 과제를 겪고 있는 것을 확인하였다.[1] 이삼수 등은 지역 매니지먼트 활동의 확대에 따른 장기적인 활동비용 증가와 지역관리를 위한 전문적인 인재 육성·확보의 필요성 등, 재원과 인재에 관한 과제를 지적하고 있다.[2]
　'환경 마을만들기 살롱(2011)'과 '환경 마을만들기 포럼(2012)'에서는 지역 매니지먼트 활동의 성과가 나타나고 있는 반면 과제도 많다는 의견을 나누고 관민 연계로 지역 매니지먼트를 추진하기 위한 '7개의 제언'[1]이 제안되었다. 많은 지역 매니지먼트 단체가 '재원 확보'를 과제로 지적하고 있어 지역 매니지먼트 활동을 이어 나가려는 방법들을 찾고 있다.

'전국 지역 매니지먼트 네트워크' 회원 설문조사[3]

'전국 지역 매니지먼트 네트워크'[2]는 2016년에 설립된 조직이다. 지역 매니지먼트 단체의 네트워크 커뮤니티 양성(나누기), 행정과의 대화·연계의 장 구축(심화하기), 지역 매니지먼트 사회적 인지도 향상(넓히기)이라는 활동 방침을 내세우고 있다. 전국 매니지먼트 네트워크에 참가하는 단체들은 여러 해 동안 활동 실적이 있는 곳이 많고, 일본에서도 가장 선진적으로 활동 중인 곳이다.

'회원 설문조사(2016)'[3]에서는 '재원', '인재', '인지', '제도'라는 틀 안에서 각각의 과제를 제시하여 지역 매니지먼트 단체에 '매우

---

1   지역 매니지먼트를 관민 연계로 추진하기 위한 '7가지의 제언'
     제언 1. 지역 매니지먼트 조직에 대한 지원 우대 조치를 강화
     제언 2. 제도 시행을 위한 기반으로써 다양한 정보 수집·축적·활용에 관한 시스템 만들기
     제언 3. 공공공간의 관리·활용에 관한 제도구축·운용 개선
     제언 4. 환경·방재 대응이라는 공공성을 바탕으로 한 새로운 자금 확보 방법 구축
     제언 5. 지역 매니지먼트 활동에 관한 평가 방법의 검토와 평가 시스템 구축
     제언 6. 지역 매니지먼트 활동을 담당하는 새로운 법인 제도 창설
     제언 7. 지역 단위의 계획을 활용하는 새로운 계획 제도 검토
2   전국 지역 매니지먼트 네트워크의 회원 수 및 회원 리스트는 206쪽을 참조
3   지역 매니지먼트 단체의 최신 동향 파악을 목적으로 시행된 조사. 2016년 8월에는 '조직 체제와 활동 내용'을 주제로 한 제1회 조사, 12월에는 '지역 매니지먼트 활동의 진행상 과제'를 주제로 한 제2회 조사를 시행. 조사 대상은 회원인 33개 지역 매니지먼트 단체를 대상으로 실시했지만, 질문 전체에 답변한 30개 단체의 결과만을 나타낸다.

문제다·조금 문제다·그다지 문제가 아니다·전혀 문제가 아니다'를 선택하도록 하였다. 조사 결과, '재원'에 관한 과제가 가장 많이 지적되었다(그림 1). 지역 매니지먼트 단체의 90% 정도는 '지역 매니지먼트 활동을 위한 재원이 부족한 점'과 '직원을 고용하기 위한 재원이 부족한 점'을 과제로 지적하였다. 또한, 지역 매니지먼트 단체의 70% 이상이 '행정 그 외의 보조금 등 수입재원이 한정되어 있는 점'과 '수익을 남길 수 있는 자체 활동이 적은 점'을 과제로 여기고 있다는 것을 확인하였다.

지역 매니지먼트 단체가 겪는 과제 '재원 확보'

설문조사의 자유 응답에는 '사무국 직원 인건비 등의 부담이 한 기업에 편중되어 있어 앞으로 자립 조직으로 성장하기 위한 재원 기반이 불안하다'라는 편중된 재원에 관한 의견이 있었다. 또한, '자체 재원이 부족하여 공공공간을 활용한 재원 확보 방법을 모색하고 있지만, 현재의 활동비를 감당할 정도의 큰 재원을 확보할 방법이 없다'라는 공공공간을 활용한 재원 확보 방법을 모색하고 있는 의견이 있었다. 더욱이 '회비 수입 외의 특정한 재원이 없어서 전속 직원 고용이 어렵다'라는 인재 육성과 관련된 문제도 지적되었다.

'안정적이면서 지속적인 재원 확보'와 '수입원 확대'

현재 지역 매니지먼트 단체가 직면한 과제는 크게 '안정적이면서 계속된 재원 확보'와 '수입원 확대'로 나눌 수 있다. 여기서 지역 매니지먼트 단체의 주된 수입원4을 살펴보면, '회비'가 40%, '사

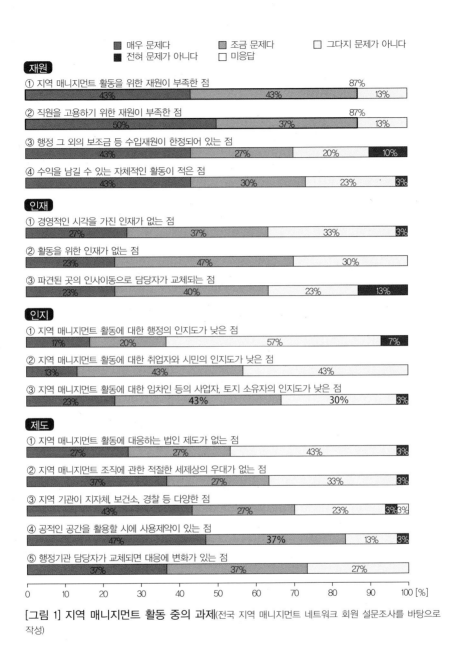

legend: 매우 문제다 / 조금 문제다 / 그다지 문제가 아니다 / 전혀 문제가 아니다 / 미응답

재원

① 지역 매니지먼트 활동을 위한 재원이 부족한 점 — 87% / 43% 43% 13%

② 직원을 고용하기 위한 재원이 부족한 점 — 87% / 50% 37% 13%

③ 행정 그 외의 보조금 등 수입재원이 한정되어 있는 점 — 43% 27% 20% 10%

④ 수익을 남길 수 있는 자체적인 활동이 적은 점 — 43% 30% 23% 3%

인재

① 경영적인 시각을 가진 인재가 없는 점 — 27% 37% 33% 3%

② 활동을 위한 인재가 없는 점 — 23% 47% 30%

③ 파견된 곳의 인사이동으로 담당자가 교체되는 점 — 23% 40% 23% 13%

인지

① 지역 매니지먼트 활동에 대한 행정의 인지도가 낮은 점 — 17% 20% 57% 7%

② 지역 매니지먼트 활동에 대한 취업자와 시민의 인지도가 낮은 점 — 13% 43% 43%

③ 지역 매니지먼트 활동에 대한 임차인 등의 사업자, 토지 소유자의 인지도가 낮은 점 — 23% 43% 30% 3%

제도

① 지역 매니지먼트 활동에 대응하는 법인 제도가 없는 점 — 27% 27% 43% 3%

② 지역 매니지먼트 조직에 관한 적절한 세제상의 우대가 없는 점 — 37% 27% 33% 3%

③ 지역 기관이 지자체, 보건소, 경찰 등 다양한 점 — 43% 27% 23% 3% 3%

④ 공적인 공간을 활용할 시에 사용제약이 있는 점 — 47% 37% 13% 3%

⑤ 행정기관 담당자가 교체되면 대응에 변화가 있는 점 — 37% 37% 27%

0 10 20 30 40 50 60 70 80 90 100 [%]

[그림 1] 지역 매니지먼트 활동 중의 과제(전국 지역 매니지먼트 네트워크 회원 설문조사를 바탕으로 작성)

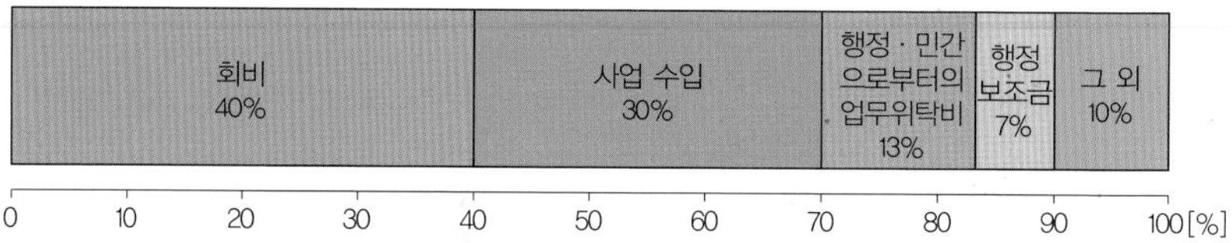

회비 40%	사업 수입 30%	행정·민간 으로부터의 업무위탁비 13%	행정 보조금 7%	그 외 10%

```
0    10    20    30    40    50    60    70    80    90    100[%]
```

[그림 2] 지역 매니지먼트 단체의 주요 수입원([그림 1]과 동일)

업 수입'이 30%를 차지하고 있는 것을 알 수 있다(그림 2).

　회비 수입을 주요 수입원으로 하는 지역 매니지먼트 단체는 안정적으로 재원을 확보할 수 있다는 장점이 있지만, 회원 수를 늘리는 것이 쉽지 않고, 지역 매니지먼트 활동이 현상 유지 정도에 멈추기 쉽다는 단점이 있다. 매년 회원을 늘리는 것이 쉽지 않을 뿐 아니라 지역 매니지먼트 활동의 폭을 넓히기는 고사하고 활동을 계속하기 위한 인재 확보도 어려운 경우가 많다. 활동 확대 및 촉진을 목표로 삼는다면 회비 수입에 그치지 않는 재원 확보 방법에 대한 고민이 필요하다.

지역 매니지먼트 활동 재원 사례

　근래에는 '재원 확보'를 위해 지역 매니지먼트 활동이 다양화되고 있다. 전국적으로 많이 실시하고 있는 대표적인 활동인 '지역 매니지먼트 광고 사업'과 '오픈 카페 사업'에 더해, '지정관리·유지관리 사업', '주차장·자전거 주차장 사업', '자동판매기 사업', '부동산 임대사업' 등을 통해 얻은 수입을 마을만들기에 환원하

4　전국 지역 매니지먼트 네트워크 회원 질문 항목. 질문은 "귀 단체의 작년도 전체 수입 중에서 제일 높은 비율을 차지하는 항목을 선택지 중에서 하나만 선택해주세요"다.

는 사례도 늘고 있다. 여기서는 '사업 수입', '행정·민간으로부터의 업무위탁', '행정 보조금' 등으로 나누어 구체적인 사례를 소개한다.

사업 수입

1. 지역 매니지먼트 광고 사업

지역 매니지먼트 광고 사업이라는 것은 공공도로와 사유지에 광고물 게시권을 기업에 판매하여 얻은 수입을 지역 매니지먼트 활동 재원의 일부에 충당하는 활동이다. 수준 높은 디자인의 깃발이나 배너 등을 게시하여 지역 경관을 유지하고 활기를 창출하는 것뿐만 아니라 커뮤니티 버스 차체에 광고를 게시함으로써 지역 기업 홍보에도 도움을 주고 있다.

NPO 법인 다이마루유 지역 매니지먼트 협회(도쿄도 치요다구), 삿포로역 앞 도로 마을만들기 주식회사(홋카이도 삿포로시), 나고야역 지구 마을만들기 협의회(아이치현 나고야시) 등은 이 사업을 시행하고 있는 대표적인 지역 매니지먼트 단체다. 광고를 통해 얻은 수입을 지역 매니지먼트 활동에 환원하여 지역 내에서의 자금 순환 구조를 구축하고 있다.

또한, 커뮤니티 버스와 공공자전거 등의 교통수단을 활용하여 지역 기업과 이벤트의 광고를 통해 재원을 확보하는 광고 사업도 늘어나고 있다. 대표적인 사례로는 주로 회사원들을 대상으로 운행하고 있는 오오테마치·마루노우치·유라쿠초 지구(이하, 다이마루유 지구)의 무료 순환버스 '다이마루유 셔틀'의 광고수입이다. 또한, 오사카 우메다 지구에서는 그랜드 프런트 오사카 TMO(오사카

[그림 3] 우메구루 버스와 우메구루 자전거(제공: 그랜드 프런트 오사카 TMO)

부 오사카시)가 버스 디자인 광고수입을 지역 매니지먼트 재원으로
활용하는 '우메구루 버스' 등이 주행하고 있다(그림 3).

2. 오픈 카페 운영사업

오픈 카페 운영사업은 평상시에 사용하지 않는 장소에 사람들
이 쉴 수 있는 장場과 애착을 가질 수 있는 장場을 조성하여 지역의
활기와 교류 창출의 장으로 유용하게 활용함과 동시에 지역 음식
점 등을 지원하면서 지역 매니지먼트 단체의 재원을 확보하기 위
한 사업이다.

아이치현 도요타시의 '아소베루토요타 추진협의회'는 메이테츠
토요타시역 서쪽 보행 데크 광장(관리자: 도요타시 상업관광과)을 활
용한 오픈 카페 사업을 시행하고 있다(그림 4, 그림 5). 아소베루토
요타 추진협의회로부터 운영사업자로 승인받은 도시재생 추진법
인의 일반 사단법인 TCCM(도요타시티센터 매니지먼트)가 연간 음식
점 영업과 함께 광장 운영을 보조할 사업자를 모집하고 있다. 1개

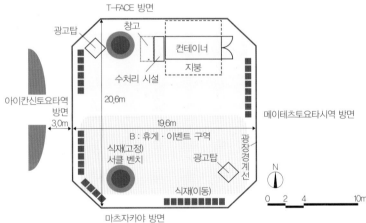

[그림 4] 오픈 카페 모습(제공: 아소베루토요타 추진협의회)

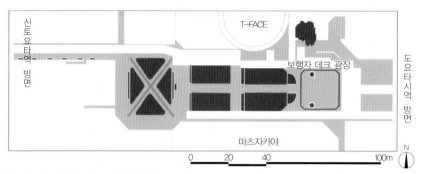

[그림 5] 보행자 데크의 이용 가능 구역(그림 4와 동일)

월 단위로 운영사업자 매출의 10%를 내게 하고 그 수익을 협의회 운영과 새로운 마을만들기 활동으로 환원하고 있다.[4]

그 외, We Love 덴진협의회(후쿠오카현 후쿠오카시)도 비슷한 사업을 시행하고 있다. 후쿠오카시에 의한 '수변 활기 만들기 사회실험'을 2012년 4월부터 계속해서 나카가와 강가에서 오픈 카페 사업을 시작했다.[5] 현재는 매출의 3%를 마을만들기 활동의 자본금으로 협의회에 내고 있다.

3. 공개공지 활용사업 · 이벤트 운영사업

2017년 도쿄도는 '도쿄의 세련된 가로경관 만들기 추진조례(이하, 세련된 마을만들기 조례)'를 제정하였다. 본 조례에 포함된 3가지 제도 중 하나인 '마을만들기 단체 등록제도'는 지역 특성을 살려서 공개공지의 매력을 높이는 마을만들기 활동을 자체적으로 추진하는 마을만들기 단체를 등록하여 그 활동을 촉진함으로써 민간으로부터의 제안을 유도하면서 지역 매력을 높이는 것을 목적으로 하고 있다. 등록을 하게 되면 무료 공익 이벤트와 유료 공익 이벤트(연간 180일간), 오픈 카페, 물품 판매가 가능하게 되고, 그 외에 3년의 등록 유효기간(갱신 가능) 중에는 이벤트의 사전 신청 등의 절차를 일부 생략할 수 있다는 장점이 있다.[6] 다이마루유 지구의 NPO 법인 다이마루유 지역 매니지먼트 협회, 니혼바시 미츠이 타워 주변 및 도쿄 미드타운 히비야 주변의 미츠이 부동산 주식회사, 롯폰기와 도라노몬 지역의 모리빌딩 주식회사의 사례가 대표적이다.

4. 주차장·자동판매기 사업

지방 도시를 중심으로 주차장 운영관리를 통해 그 수익의 일부를 마을만들기 활동 자금에 활용하는 움직임이 일고 있다. 예를 들면 도요타 마을만들기 주식회사(아이치현 도요타시)에서는 주차장 운영관리 사업을 진행하고 있는데, 자사 소유의 주차장 5곳, 도요타시 소유의 주차장 6곳에 집중관리 시스템을 도입하여 관리경비 삭감 및 효율화를 실시해, 그 수익을 중심시가지 통합형 주차 서비스 '프리 파킹 시스템'에 활용하는 등 안정적인 주차장 운영을 실현하고 있다.

자동판매기 사업도 이처럼 지방도시 상업시설 주변에서 이루어지고 있다. 하카타 마을만들기 추진협의회(후쿠오카현 후쿠오카시)에서는 마을만들기를 지원하는 자동판매기 사업을 확대하고 있는데 매출일부를 협의회 활동비로 기부하는

[그림 6] 마을만들기 지원 자동판매기(제공: 하카타 마을만들기 추진협의회)

것을 목적으로 음료수 자동판매기 설치기업을 모집해 사업을 진행하고 있다(그림 6).

5. 부동산 임대사업

지역 매니지먼트 활동 중에는 새롭게 설치·도입하는 경우뿐만 아니라 기존 지역자원을 이용하여 재원 확보를 시도하는 예도 있다. 그 대표적인 사례로는 나가하마 마을만들기 주식회사의 마치야町屋 임대사업에 의한 부동산 수입, 마치야 셰어 하우스 운영 수입이 있다. 2009-10년, 정부 인정을 받은 '나가하마시 중심시가지 활성화 기본계획'에 근거하여 특별인정 마을만들기 회사 2곳이 부동산 소유와 운영을 분리하는 방식(테넌트 믹스)으로 정부의 지원

[그림 7] 해피테라스에서의 이벤트 모습(제공: 마을만들기 후쿠이 주식회사)

을 받아 리노베이션한 시설을 잘 활용하고 있다.

삿포로역 앞 도로 마을만들기 주식회사(홋카이도 삿포로시)는 민간 공지를 활용하여 활기를 창출하는 '코바루도오리'를 2017년 12월부터 2019년 10월까지 실시하였다. '코바루도오리'는 삿포로역 앞 지구 나카 거리仲通り의 매력을 새롭게 발신하는 시도로 민간 공지를 마을만들기 회사가 빌려 커뮤니티 공간과 음식점을 설치하는 사업이었다.

행정 · 민간으로부터의 업무위탁비

1. 광장 대여 사업

점점 활발하게 이용하게 된 광장의 지정관리자가 되어 행정으로부터 지정관리료 수입을 얻는 것도 때로는 안정적인 수입 확보로 이어진다. 전국 지역 매니지먼트 단체 중에는 광장에서 행정과의 계약을 바탕으로 자체 이벤트를 개최하는 것 외에 광장을 빌려주는 것으로 얻는 광장이용료를 안정적인 수입원 중 하나로 활용하는 사례가 있다.

예를 들면, 삿포로역 앞 도로 마을만들기 주식회사가 그 한 예다. 2011년 3월에 개업한 '삿포로역 앞 도로 지하 보행공간(치카호)'의 지정관리자를 맡아, 도로법 20조 '겸용 공작물 관리협정'과 '삿포로역 앞 도로 지하광장 조례'에 의해 광장으로 인정되는 부분(폭 20m의 치카호의 중앙 부분 12m 이외)을 운영하고 있다. 이 광장에서는 연간 약 2000건의 이벤트[7]가 열릴 정도로 가동률이 높고 자체 이벤트 외에 희망자에게 광장을 대여하는 식으로 이용료 수입을 얻고 있다. 2017년에는 치카호에서 이용료만으로 약 1.25억 엔,

너욱이 삿포로시 북3조㈱광장(아카프라)에서는 약 880만 엔의 수입을 얻었다.[8]

또한, 마을만들기 후쿠이 주식회사(후쿠이현 후쿠이시)도 비슷한 사례다. 2016년 4월에 JR 후쿠이역 서쪽 출구에 탄생한 '하피린' 안에는 후쿠이시 교류시설 '하피테라스(지붕 있는 광장 · 옥외광장)와 '하피린 홀(다목적 홀)'의 지정관리자를 맡아 광장이용료를 수입원의 하나로 삼고 있다(그림 7). 2017년 전자의 가동률은 94%, 후자는 65%에 달해 지정관리료로 6600만 엔, 이용료 수입 등으로 3270만 엔의 수입이 발생해 자체 이벤트의 재원으로 활용하고 있다.

행정 보조금 등

1. 보조금 · 교부금 · 분담금 등

그 외 행정으로부터의 보조금과 교부금 등을 얻어 활동하고 있는 지역 매니지먼트 단체도 있다. 예를 들면 지방자치법의 분담금 징수(지방자치법 224조)에 근거하여 제정된 세금과 같은 강제력을 갖는 '우메키타 선행개발지구 분담금 조례'[9]는 2015년 4월부터 본격적으로 운용을 시작하였다. 통칭, '오사카판 BID 제도'로 불리는 본 제도를 적용함으로써 활동 재원을 공적인 재원으로부터 확보할 수 있는 시스템을 구축했다(상세한 내용은 1-2의 '오사카판 BID 제도'를 참조).

지역 매니지먼트 단체는 각 지역 상황에 따라 다양한 방법으로 재원을 확보하고 있지만, 그 배경에는 2가지 문제가 있다. 하나는 지역 매니지먼트 단체가 오랜 시간 동안 고민해온 무임승차자(지역 매니지먼트 단체에는 가입하지 않으면서 그 지역의 지역 매니지먼트 활동 효과의 혜택을 누리는 지역 내 사업자 등) 문제가 있다. 하지만 2018년 6월 1일에 지역재생 지역 매니지먼트 분담금 제도 '지역재생법의 일부를 개정하는 법률'이 시행되었다. 이에 따라 지역 내의 사업자로부터 세금처럼 지역 매니지먼트 활동비를 부과하여 징수하는 것이 가능해져 무임승차자 문제 해결에 한 걸음 나아갔다.

다른 하나는 새로운 지역 매니지먼트 활동을 시작할 때의 초기 비용이 큰 부담이 되어 지역 매니지먼트 활동 자체가 현상 유지 또는 자연적으로 소멸하고 있는 문제다. 특히, 이 문제는 지방 도시에서 많이 보이고 있다. 따라서 지방 창생創生과 지역 활성화가 중요시되고 있는 현재에 있어서 국토교통성과 내각부가 지급하는 교부금과 보조금도 지역 매니지먼트 활동의 시작 및 발전에 귀중한 재원이라고 생각할 수 있다.

지역 매니지먼트 단체의 재원 내용

지역 매니지먼트 단체 중에는 특정 활동을 지역 내에 뿌리내려 큰 수익을 올려 안정적인 재원을 확보하는 사례도 있다. 여기서는 'NPO 법인 다이마루유 지역 매니지먼트 협회(리가레)', '삿포로 역 앞 도로 마을만들기 주식회사', '일반 사단법인 요코하마 니시구치 지역 매니지먼트', '일반 사단법인 TCCM, 도요타 마을만들기 주식회사'에 주목하여 재원의 내용 및 재원 확보를 목적으로 한 활동 몇 가지를 소개한다.

NPO 법인 다이마루유 지역 매니지먼트 협회(리가레)[10]

　NPO 법인 다이마루유 지역 매니지먼트 협회(이하, 리가레)는 도쿄도 치요다구의 오오테마치 · 마루노우치 · 유라쿠초 지구(다이마루유)에서 마을만들기 정비사업과 더불어 지역 교류 기능 강화 및 도시 관광을 위한 매력 만들기 등의 소프트웨어 측면을 포함한 마을만들기가 중요하게 여겨지는 것을 계기로 2002년에 설립되었다.

　현재는 법인회원 88개사, 개인회원 50명에 의해 구성되어 일반 사단법인 오오테마치 · 마루노우치 · 유라쿠초 지구 마을만들기 협의회, 일반 사단법인 다이마루유 환경공생형 마을만들기 추진협회(에콧체리아 협회), 그 외 다이마루유 지구의 마을만들기를 지원하는 여러 단체와 서로 연계, 보완하면서 지역 내(약 120㏊)의 '새로운 가치'와 '매력과 활기' 만들기에 힘쓰고 있다.

　리가레의 2018년도와 2017년도의 사업 수지 실적에 근거한 순매출액의 주요 사업비 내용을 평균하면 '기부금 및 협찬금'이 44%, '사업 수입'이 53%를 차지하였다. 사업 수입에 관해서는 '홍보사업 수입(가이드 사업, 시찰 사업, 홍보사업)'이 1%, '옥외광고물 사업 수입'이 28%, 'MICE 관련 사업 수입'이 13%, '세련된 마을 사업 수입'이 6%를 차지하였다(표 1).

　다이마루유 지역에서는 리가레가 주최하는 '다이마루유 여름 축제(참가자 수 약 1만 2000명)를 시작으로 '마루노우치 라디오 체조(참가자 수 807명), '에코키즈 탐험대(참가자 수 532명) 등의 이벤트를 개최하고 있다(괄호 안의 참가자 수는 모두 2018년 실적). 이러한 이벤트 개최에 의한 '기부금 · 협찬금'이 많은 것이 특징이다.

　또한, 가이드 · 시찰 · 홍보를 포함한 '홍보사업 수입'과 '옥외광

〈표 1〉 NPO 법인 다이마루유 지역 매니지먼트 협회의 수익 내용

수입항목	구성비(%)
회비	3
기부금 및 협찬금	44
사업 수입	53
세련된 마을 사업 수입	6
홍보사업 수입	1
옥외광고물 사업 수입	28
MICE 관련 사업 수입	13
그 외 사업 수입	5

(NPO법인 다이마루유 지역 매니지먼트 협회 총회 자료를 바탕으로 작성(2018, 2017연도사업 수입실적의 평균)

[그림 8] 마루노우치 워크 가이드(제공: 리가레)

고물 사업 수입'도 수입의 20-30%를 차지하고 있다. 다이마루유 지역에서는 '시찰 이벤트'와 '마루노우치 워크 가이드' 등의 홍보 사업을 진행하고 있다(그림 8). '마루노우치 워크 가이드'는 자원봉사자의 협력을 통해 다이마루유 지역을 안내하는 사업으로 참가비(1000엔/명)와 안내비(3000엔/단체)를 받고 있다. 2018년 활동 실적을 보면 총 113명이 참가했다.

'옥외광고물 사업'은 오오테마치·마루노우치·유라쿠초 지구 마을만들기 간담회가 수립한 '마을만들기 가이드라인'의 분야별 편인 '옥외광고물 가이드라인'에 따라 진행되고 있다. 가이드라인에서는 옥외광고물 설치에 관한 다이마루유 지역의 지역 규정과 디자인을 포함한 심사체제를 구성해 현행 지구계획과 도쿄도 옥외광고물 조례 등의 일반 규정을 보완하고 있다. 지역 매니지먼트 광고로는 가로등 깃발과 지역 안내사인 안의 포스터 광고를 활

[그림 9] 가로등 깃발(좌), 지역 안내사인 내 포스터(우)(그림 8과 동일)

용하여 지역의 활기 만들기를 추진하고 있다(그림 9). '지역 경관을 지키면서 일체감 있는 쾌적한 가로공간 만들기'를 목표로 광고 게시료 수입은 다양한 지역 매니지먼트 활동의 재원이 되고 있다. 예를 들면, 환경형 교통수단(마루노우치 셔틀 등)의 정비·운영 조성, 지역단체에 의한 커뮤니티 활동·환경 활동(각종 행사 개최)에 재정지원을 통해 환원되고 있다. 마루노우치 나카 거리에서의 지역 매니지먼트 광고 게시 건수는 2016년도부터 2018년도까지 6건에서 12건으로 2배로 증가하였다. 이는 최근 깃발을 설치하고 있는 마루노우치 나카 거리가 이벤트로 많이 활용되고 있어 이벤트와 연동한 설치가 늘어났기 때문이다.

또한, 리가레가 운영하는 무료 순환버스 '마루노우치 셔틀'의 차체 광고 게재료도 재원으로 활용되고 있다. '마루노우치 셔틀'은 다이마루유 지구를 한 바퀴 도는 약 40분 정도의 경로다(그림 10).

[그림 10] 마루노우치 셔틀(그림 8과 동일)

2003년 이용자는 21만 4000명이었지만, 2017년에는 69만 2000명으로 47만 8000명이나 증가하였다(증가율 223.4%).

삿포로역 앞 도로 마을만들기 주식회사

삿포로역 앞 도로 마을만들기 주식회사(이하, 마을만들기 회사)는 2010년 9월에 17단체·기업(삿포로시, 삿포로 상공회의소 포함)의 출자로 설립된 지역 매니지먼트 단체다. 삿포로역 앞 도로지구를 매력 있는 '도심'의 얼굴로 성장시켜 항상 활기가 있는 마을만들기를 통해 도심 전체 활성화에 공헌하는 것을 목적으로 각종 사업을 진행하고 있다. 주요 사업은 '삿포로역 앞 도로 지하 보행공간의 지하공간(치·카·호)'과 '삿포로시 북3조 광장'의 지정관리사업(삿포로시로부터 위탁받음), 지역 커뮤니티 증진, 지역 방재 활동, 지구계획 등을 활용한 계획적인 건물 갱신 유도 등, 폭넓은 분야에서 지역 매니지먼트 활동을 추진하고 있다(그림 11).

마을만들기 회사의 2017년도 결산보고를 살펴보면, 수입 총액

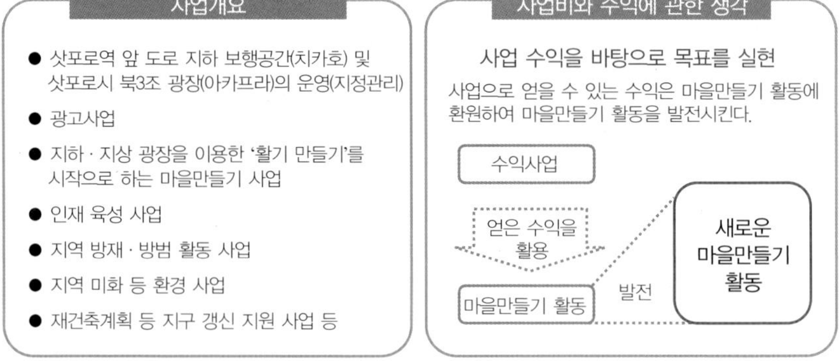

사업개요	사업비와 수익에 관한 생각
● 삿포로역 앞 도로 지하 보행공간(치카호) 및 삿포로시 북3조 광장(아카프라)의 운영(지정관리) ● 광고사업 ● 지하·지상 광장을 이용한 '활기 만들기'를 시작으로 하는 마을만들기 사업 ● 인재 육성 사업 ● 지역 방재·방범 활동 사업 ● 지역 미화 등 환경 사업 ● 재건축계획 등 지구 갱신 지원 사업 등	사업 수익을 바탕으로 목표를 실현 사업으로 얻을 수 있는 수익은 마을만들기 활동에 환원하여 마을만들기 활동을 발전시킨다. 수익사업 얻은 수익을 활용 마을만들기 활동 → 발전 → 새로운 마을만들기 활동

[그림 11] 삿포로역 앞 도로 마을만들기 주식회사 개요(삿포로역 앞 도로 마을만들기 주식회사 자료를 바탕으로 작성)

은 2조 8519억 엔이고, 그 내용은 지정관리료(2%), 벽면광고 게재료(45%), 광장이용료(치카호, 아카프라 43%), 그 외 주최사업 등(10%)이었다. 리가레 수입 내용과는 달리 벽면광고 게재료 및 광장이용료(치카호)에서 약 90%의 수입을 얻고 있는 점은 굉장히 특징적이다.

지정관리를 하는 광장에 대해서 자세히 설명하면, '삿포로역 앞 도로 지하 보행공간 지하광장(치카호)' 및 '삿포로시 북3조 광장(아카프라)'은 도로관리자와 광장관리자 사이에 도로법 20조의 '겸용 공작물 관리협정'을 맺어 도로구역에 조례를 적용하여 '광장' 설치를 가능하게 하였다. 삿포로시는 계획 시점부터 지역 매니지먼트 재원의 안정적인 확보를 고려하여 이 방식으로 실시하도록 정

● 광고 게재 : 8곳
● 크기 : 길이 14.5~29.1m/높이 2.0m   ※전면의 휴식공간은 휴게 스페이스로 활용

북4조 거리   북3조 거리   북2조 거리   북1조 거리   기타오도오리 거리

▬ 광고 게재 장소

● 광고 요금 · 가동률

[게재 기간]
단기(4곳/1주일 단위)
장기(4곳/3개월 단위)
※광고집고 수수료는 게재료의 25%

[가동률]

	2015년	2016년	2017년	2018년
장기	100%	100%	100%	100%
단기	87%	93%	88%	97%

디자인 심사를 통해 공중에 불쾌감을 주는 것과 화려한 색채를 광범위하게 사용하고 있는 것에 대해서는 변경을 의뢰. 경우에 따라서는 게재를 거절할 수도 있다(장기 광고는 외부 심사, 단기 광고는 내부 심사).

광고게재 예시

[그림 12] 벽면을 활용한 광고게재(그림 11과 동일)

했다. 지하광장은 시민·기업 등에 빌려주고 있이 눈이 쌓이는 힌 랭지인 삿포로에서 날씨에 좌우되지 않는 지하광장은 이벤트 공간으로 높이 평가받고 있고, 역 앞 거리 보행자 수는 개통 이후 5년간 2.3배 증가하였다. 이 광장에서는 퍼포먼스와 음악 등의 이벤트, 예술작품 전시, 정보 발신 등을 개최하여 판촉과 상품 PR 등의 상업 홍보도 가능하다. 2020년 3월 시점에 연간 약 2000건의 이벤트가 열리고 있어 가동률은 연간 90% 이상으로 매우 높은 수치를 보이고 있다.

한편, 마을만들기 회사 수입의 45%를 차지하고 있는 것이 '치카호'의 벽면광고다(그림 12). 1년간 매일 5만–8만 명이 지나다니고 있어 높은 광고 호소력과 가치 때문에 가동률은 거의 100%를 유지

- 관계단체와의 연계를 통한 마을만들기 활동
  - Sapporo Flower Carpet
  - 삿포로 8월 축제
  - Happy Tree Street
  - 삿포로역 앞 도로 지구 방재협의회 운영 등
  - 회사대항 노래자랑대회
  - 아카프라 일루미네이션
  - 삿포로역 앞 도로 지구 활성화위원회
- 지정관리시설을 활용한 활동
  - 재즈와 클래식 등 음악 이벤트
  - 크라시에(마르셰)
  - Sapporo City Wi-Fi의 운용, 식재 설치 등
  - 빅이슈(잡지)와 연계한 안내 부스 설치
  - 치카호 내의 휴게 공간 충실화
- 지역 매니지먼트의 기반을 다지는 활동
  - 지역 매니지먼트 광고
  - 귀가곤란자 안내서 책정
  - 지구계획 변경 제안
  - 전국 지역 매니지먼트 네트워크와 연계 등
- 지역자원을 활용한 문화 발신과 인재 육성 활동
  - Think School 개강
  - 테라스 계획 운영·아트 이벤트 'PARC' 개최
  - 도심부에서 개최되는 시 단위 이벤트에 협력, 지원 등

[그림 13] 광고로부터의 수입을 활용하여 실시하고 있는 주요 마을만들기 사업(약 50개 사업)(그림 11과 동일)

하고 있다. 또한, 주변 건물의 재건축으로 치카호에 연결하는 공사를 시행할 때는 가벽을 설치하게 되는데, 마을만들기 회사는 이가벽을 활용한 광고 사업도 진행하고 있어 다양한 수익 방법을 찾고 있다. 또한, 교차점 광장에는 모니터를 설치하여 스폿 광고를 방영하고 있다. 이러한 광고 사업의 자세한 내용은 마을만들기 회사 홈페이지에서 확인할 수 있다.

마을만들기 회사의 또 하나 큰 특징은 얻은 이익을 주주에게 배당하지 않고 마을만들기 자금으로 활용하고 있는 점이다. 물론 출자자로부터 동의를 얻어 실시하고 있지만 2017년도는 총수입의 약 28%를 마을만들기에 사용하였다(그림 13). 지방도시지만 이러한 사업을 정착시켜 안정적인 재원을 확보함으로써 그 수익을 마을만들기에 환원할 수 있는 이상적인 순환구조를 가능하게 하고 있다.

일반 사단법인 요코하마 니시구치 지역 매니지먼트

일반 사단법인 요코하마 니시구치 지역 매니지먼트는 요코하마역 서쪽 출구 지역의 활성화와 활기 창출을 위한 다양한 활동을 추진하기 위해 '요코하마 니시구치 겐키 프로젝트'를 바탕으로 발전시켜 2017년 4월에 설립되었다. 요코하마 니시구치 지역 매니지먼트는 1963년에 요코하마역 주변의 사업자와 상점들에 의해 설립된 '요코하마역 니시구치 진흥협의회(이하, 본 협의회)'를 시작으로 1992년에는 새롭게 자리 잡은 기업들을 더해 확대하였다. 본 협의회에서는 관계 행정기관에 정책제언과 마을만들기 방침을 결정하고, 요코하마 니시구치 지역 매니지먼트는 마을만들기의 구체적인 활동 및 실시를 담당하고 있다.

요코히마 니시구치 지역 매니지먼트의 수지 결산서를 보면 수입 대부분을 정사원, 지역 파트너(협찬금을 통해 마을만들기에 참가하는 옛 겐키PT의 협찬회사, 옛 본 협의회의 선전 관광 부담회사 등), 본 협의회(옛 선전관광분) 등의 협찬금이 차지하고 있다(표 2).

요코하마 니시구치 지역 매니지먼트의 주된 사업은 '이벤트 사업', '워크숍 사업', '홍보사업', '방범순찰 사업, '환경미화 활동 사업', '가타비라 하천 주변의 방재·활성화 사업' 등이다. '이벤트 사업'에서는 요코하마 니시구치 패션쇼와 요코하마 니시구치 헬러윈 등이 개최되어 많은 방문자를 불러들이고 있다. 또한, '방범 순찰 사업'에서는 세이프티 순찰과 청소 활동을 진행하고 있다.

〈표 2〉 요코하마 니시구치 지역 매니지먼트 수입 내용

수입 항목	구성비(%)
이월금	4.8
협찬금	94.8
보조금	0.3
사업 수익 · 참가비 수입 · 그 외 수입 · 이자 수입	0.0

(〈일반 사단법인 요코하마 니시구치 지역 매니지먼트 2018년도 수지결산서〉를 바탕으로 작성)

[그림 14] 미나미 니시구치 환경개선(공공공간 활용) 모습
(제공: 요코하마 니시구치 지역 매니지먼트)

주목해야 할 점은 '환경미화 사업'에 있어서 공공공간 활용을 추진하고 있다는 점이다. 요코하마 니시구치 지역 매니지먼트가 보도 청소와 정비를 오랜 시간 동안 실시해 온 점이 평가받아 2018년 8월에 요코하마 시내에서 처음으로 도로 협력단체 지정을 받아, 미나미 니시구치의 도로 공간을 활용한 수익 활동이 가능하게 되었다. 2018년 10월에는 팝업 점포형 마켓과 마르셰, 푸드트럭 등을 개최하여 얻은 이익은 도로 청소와 식재 유지관리에 사용하고 있다(그림 14). 또한 2020년에 정비 예정인 요코하마니시구치 중앙역 앞 광장의 광장 활용 검토를 시작해 사람들이 머물 수 있는 공간의 방향성을 모색하고 있다. 요코하마 니시구치 지역 매니지먼트는 '에키사이트 요코하마 지역 매니지먼트 협의회'와 공동으로 3일간 사회실험을 시행하여 광장 활용 검증을 진행하고 있다.

요코하마 니시구치 지역 매니지먼트가 2019년도 중점적으로 추진한 과제로,

① 방문자 증가를 위한 사업 추진
② 공공공간 활용 촉진과 지역 매니지먼트 활동 자금 확보
③ 활동을 위한 본격적인 효과측정 시스템을 도입

이상의 3가지를 내세우고 있다. 지금까지 개최해 온 다양한 이벤트 사업과 워크숍 사업 등의 실적을 살려서 공공공간 활용에 의한 새로운 재원 확보가 기대되고 있다.

도요타시(도요타 마을만들기 주식회사, 일반 사단법인 TCCM)

도요타 마을만들기 주식회사(이하, 도요타 마을만들기 회사)는 쇼

핑센터 디펠로퍼의 역할을 하면서 동시에 지역과 공동으로 마을만들기를 추진하고 있다.

2018년도에는 도요타 마을만들기 회사 제6기 3개년 계획(수세守勢 행동의 기간)의 최종 연도에 해당하여 도요타시 중심시가지의 테넌트 믹스 실현을 위해 중심시가지 재개발 법인 5곳과의 연계를 한층 더 강화하였다. 또, 핵심 임차인인 마츠자카야(백화점), 전문점 상업시설 T-FACE 및 당사 직영점포와 연계, 조정을 도모하면서 더 좋은 상업 환경, 서비스 환경 만들기에 노력하고 있다.

도요타 마을만들기 회사의 사업 보고(제24기(2018년 3월기))의 부문별 매출액에 대해서는 상업시설 임대 및 임차인 관리운영으로 대표되는 재개발 빌딩 사업(64%), 주차장 및 프리파킹 시스템 관리 운영에 의한 주차장 사업(28%), 중심시가지 마을만들기 사업에 의한 지역재개발사업(8%)이 주요 재원으로 구성되어 있다(표 3).

〈표 3〉 도요타시 마을만들기 주식회사 수입 내용

수입 항목	구성비(%)
재개발 빌딩 사업	64.3
주차장 사업	27.6
지역개발사업	8.1

〈〈도요타 마을만들기 주식회사 제24기(2018년 3월) 사업보고〉를 바탕으로 작성〉

〈표 4〉 중심시가지 선전 회의 수입 내용

수입 항목	구성비(%)
회원 부담금	39.2
상업 활성화 추진교부금	47.1
일루미네이션 사무국 위탁비	6.8
전기前期 이월금	4.1
서포터 점포 수입	1.6
JAZZ 스퀘어 관련(협찬금)	1.2

〈2017년도 중심시가지 선전 회의 사업 보고〉를 바탕으로 작성

도요타시 중심시가지 활성화 협의회를 바탕으로 발족한 도요타시 중심시가지 테넌트 믹스 비전 재구축 프로젝트의 계획에 근거하여 중심시가지의 각 상업시설과 공공시설 등과의 연계를 도모하면서 지역의 활기 창출과 환경정비를 추진해온 재개발 빌딩 사업이 매출액의 과반수를 차지하고 있다.

주차장 사업에서는 행정과 민간이 연계해 '도요타시 도심 주차장 계획'을 수립하여 차량번호 인증 시스템 도입과 장내 사인 개보수를 통해 높은 편의성과 쾌적성을 갖춘 주차장으로 환경정비를 추진하고 있다. 2003년에 시작한 프리파킹 시스템의 도입에 맞춰 경제산업성의 '중심시가지 상업 등 활성화 종합지원 사업비 보조금'과 도요타시의 '도요타시 중소기업단체 등 사업비 보조금'을 활용하였다.

[그림 15] 웰컴센터 THE CONTAINER N6의 외관(제공: TCCM)

한편, 일반 사단법인 TCCM(이하, TCCM)은 행정과 연계하면서 '마을, 지역의 가치 향상', '지역의 즐거움을 만드는 매력 발신'을 목적으로 다양한 지역 매니지먼트 활동을 추진하고 있다. TCCM은 도요타시 중심시가지 활성화 기본계획의 사업 중 하나인 공공공간을 활용한 'STREET & PARK MARKET' 등의 이벤트 개최와 웰컴센터 THE CONTAINER N6을 시작했다(2017년 11월부터, 그림 15).

또한, 중심시가지의 활기 조성과 정보 발신 및 공동연계를 목적으로 행정과 민간의 사업자 및 시설의 33개 단체로 구성되는 '중심시가지 선전회의'가 홍보사업을 주관하고 있으며, 수입내역은 〈표 4〉와 같다. '지역 파워 페스티벌'과 J리그(나고야 그람퍼스), 도요타시 미술관, 중심시가지 점포들과 연계한 '서포터 점포' 등의 사업을 시행하고 있다.

1-2

지역 매니지먼트 재원 확보 방법

    일본의 지역 매니지먼트 부담금제도의 선구적인 지자체 사례가 된 오사카시 지역 매니지먼트 활동 촉진 제도를 먼저 소개한다. 다음으로 정부의 제도로서 처음 제정된 내각부의 지역재생 지역 매니지먼트 부담금 제도를 소개하고 더불어 지역 매니지먼트 활동 재원과도 관계가 있는 국토교통성의 민간 마을만들기 활동 재원 확보를 위한 전체적인 프레임에 관해서 가이드라인을 설명한다.

오사카판 BID 제도

개요

    오사카시에서는 2014년 3월에 오사카시 지역 매니지먼트 활동 촉진 조례를 제정했다. 도시 편의 증진시설의 일체적인 정비 또는 관리에 관한 활동 자금을 오사카시가 징수하여 지역 매니지먼트 단체에 교부하는 시스템을 제도화(이하, 오사카 BID 제도)한 것이다.

    이것은 여러 제도를 활용한 것으로 도시계획법의 지구계획제도, 도시재생 특별조치법의 도시재생 정비계획제도, 도시재생 추진법인제도 및 도시 편의 증진 협정제도, 지방자치법의 분담금제도를 패키지로 적용한 제도다.

지구계획 및 도시재생 정비계획에 대상 지역을 설정한 후, 해당 지역에서 도시재생 추진법인의 지정을 받은 지역 매니지먼트 단체와 토지소유자 및 도로관리자가 도시 편의 증진 협정을 체결하여 오사카시가 토지소유권자로부터 분담금을 징수한 후에 도시재생추진법인인 지역 매니지먼트 단체에 보조금으로 교부하는 시스템이다.

오사카 BID[5] 제도는 민간의 지역 매니지먼트 활동을 공공적인 것으로 인정하면서 지방자치법의 분담금 제도에 의해 활동 재원의 일부를 확보한 점이 획기적이다.

목적

지역 매니지먼트 활동에 관한 계획의 인정, 해당 계획 시행에 필요한 비용의 교부 등에 관한 사항을 지정함으로써 시민 등의 제안과 창의적인 아이디어를 활용한 높은 질의 공공공간 창출 및 유지, 발전을 촉진하여 도시의 매력 향상에 공헌하는 것을 목적으로 한다(조례 제1조).

이전의 민간 마을만들기 활동은 지역 매니지먼트 단체의 성격과 활동 내용, 활동 자금조달 방법 등에 임의성이 강했기 때문에 활동의 지속성을 보장하기 어려운 점과 공공공간 유지관리에 참

---

5   BID(Business Improvement District)는 미국, 영국 등에서 실시되고 있는, 주로 상업지역에서 지구(District) 내의 사업자 등이 조직과 자금조달에 관한 내용을 정해, 지구의 발전을 목적으로 필요한 사업을 시행하는 시스템을 말한다.

여가 제한적이었던 점이 문제였다.

이 제도는 법률에 근거한 여러 제도를 조례로 패키지화한 것으로 임의성이 강한 이전의 민간 마을만들기 활동보다도 안정적이면서 지속적인 지역 매니지먼트 활동을 가능하도록 한 것이며 현행제도 중에서 미국과 유럽의 BID 제도의 시스템을 참고하여 구축하였다.

제도 특징

① 법률에 근거하여 공익성이 있는 민간단체를 지역 매니지먼트 활동 주체로 지정
　= 도시재생 특별조치법에 근거한 도시재생 추진법인제도를 활용
② 공권력에 의해 안정적으로 징수하는 재원을 통해 지역 매니지먼트 단체에 의한 도로 등의 공공공간에서 계속해서 자유로운 활동과 질 높은 유지관리가 가능
　= 지방자치법의 분담금 제도를 활용하여 오사카시가 징수한 분담금을 활동 재원으로 마을만들기 단체에 보조금을 교부
③ 공공공간을 활용한 수익사업에 규제를 완화해 지역 매니지먼트 단체의 자체적인 재원 확보에 관한 노력 여지를 확대
　= 예: 도로 공간을 활용한 광고 사업 등

제도 구성

오사카 BID 제도는 도시계획법, 도시재생 특별조치법, 지방자치법에서 정하는 제도를 활용하여 다음과 같이 구성되었다.

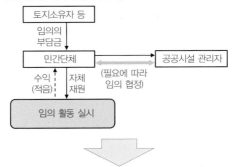

〈기존 민간단체의 활동 이미지〉

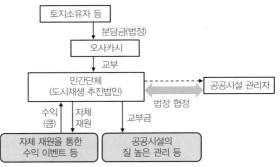

〈지역 매니지먼트 활동 촉진 제도에 의한 지역 매니지먼트〉

[그림 16] 기존 민간 마을만들기와 본 제도에 의한 지역 매니지먼트의 비교

(오사카시 도시계획국 〈오사카시 지역 매니지먼트 활동 촉진제도 활용 가이드라인〉(2015년 4월)을 바탕으로 작성)

① 지역 매니지먼트 단체

도시재생 추진법인의 지정을 받아 계획 작성, 지역에서 합의 도출, 시에 제안하는 활동 주체이다.

② 지구 결정, 마을만들기 방침 등의 결정

활동 구역과 마을만들기 방침 등은 지구계획, 도시재생 정비계획에 정한다.

③ 지역 매니지먼트 활동으로서 시행하는 활동 내용 결정

실시하는 공공공간의 정비, 관리, 활용(도로점용 등의 특별조치도

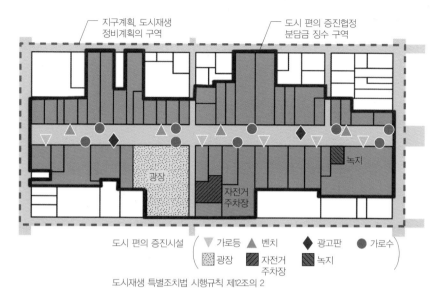

지구계획, 도시재생 정비계획의 구역

도시 편의 증진협정 분담금 징수 구역

광장

녹지

자전거 주차장

도시 편의 증진시설

▽ 가로등 ▲ 벤치 ◆ 광고판 ● 가로수

▦ 광장 ▨ 자전거 주차장 ▩ 녹지

도시재생 특별조치법 시행규칙 제12조의 2

[그림 17] 활동 대상지구의 구역설정 이미지(그림 16과 동일)

포함) 등의 내용, 도시 편의 증진 협정에 관한 기본적인 사항, 사업 기간 등을 포함한 도시재생 정비계획을 수립한다.

역할 분담

도시재생 추진법인은 정비실시 기간에 있어서 지구 운영계획을 작성, 신청하여 시의 인정을 받는(정비 실시기간은 5년 이내, 계속하면 7년 이내) 동시에 지구 운영계획을 바탕으로 연간계획을 수립, 신청하여 시의 인정을 받는다. 연도계획은 실시기간에 매년 작성해야 한다.

오사카시는 분담금 징수에 관한 사항을 지구별로 조례로 정하여 분담금 징수는 시가 실시한다.

구역 설정

다음 2가지를 설정해야만 한다.

① 지구계획, 도시재생 정비계획의 구역

활동의 중심이 되는 도로 등의 공공공간을 포함하여 도로 등의 명확한 토지와 건물 등에 의해 구분된 어느 정도 통합된 지역

② 도시 편의 증진 협정, 분담금 징수 구역

활동의 중심이 되는 공공공간에 접하여 도시 편의 증진시설의 일체적인 정비 또는 관리에 의해 직접적으로 이익을 얻는 토지소유자 등의 부지를 연결한 구역

본 제도를 적용할 경우, 도시 편의 증진 협정의 체결 구역은 아래의 조건을 충족해야 한다.

① 여러 토지소유자 등에 의해 구성된 구역일 것

② 적용 구역은 연결된 구역일 것

③ 구역면적은 최소한 약 3ha 이상일 것

분담금 징수와 보조금 교부

본 제도에서는 지방자치법에 근거한 분담금 제도를 활용하여 지역 매니지먼트 활동의 재원 일부에 충당하는 비용을 시가 토지소유자 등에게 분담금으로 징수하여 도시재생 추진법인에 보조금으로 교부하도록 되어있다.

분담금은 지방자치법 224조에서 '보통 지방공공단체는 수 명 또는 보통 지방공공단체의 일부에 대해서 이익이 있는 안건에 관하여 그 필요한 비용을 충당하기 위해 해당 안건에 따라 특히 이익을 받는 자로부터 수익 한도에 따라 분담금을 징수하는 것이 가능

하다'라고 정하고 있어, 세금은 아니지만 세금과 동등한 강제력으로 무임승차자를 허용하지 않는 제도다. 이 제도를 활용함으로써 지역 매니지먼트 활동을 위한 안정적인 재원 확보를 도모하는 것이 기대되고 있다.

분담금의 부담자 및 사용처는 다음과 같다.

① 도시 편의 증진시설의 일체적인 정비 또는 관리에 의해 특별히 이익을 얻는 토지소유자 등으로부터 징수한다.

② 분담금의 교부 대상은 도시 편의 증진시설의 질 높은 정비 또는 유지관리에 관한 것으로, 공공성이 있고 분담금 부담자의 직접적인 수익에 연결되는 사업.

분담금 징수, 교부액 및 각 토지소유자 등의 부담액은 시가 지구별로 제정한 분담금 조례에 근거하여 정한다. 분담금을 나누는 방법은 지역 특성에 따라 다를 것으로 생각되기 때문에 기본적으로는 수익과의 관계에 따라 공평성, 근거의 명확성이 필요하다.

지역에서의 합의 형성

시가 법적으로 강제력을 갖는 분담금 징수 및 교부를 위해서는 실시 사업, 그 재원의 일부가 되는 분담금 징수 및 대상자 등에 대해서 지역 토지소유자 등의 합의가 필요하다.

합의형성은 본 제도 적용을 위한 절차를 시작하기 전에 진행할 필요가 있다.

본 제도를 활용하기 위해서는 다음의 5가지 상황에서 합의형성을 도모하여 절차를 밟을 필요가 있다.

① 도시재생 추진법인 신청

② 지구계획 제안 및 수립

③ 도시재생 정비계획 제안 및 수립

④ 도시 편의 증진 협정 체결

→ 도시재생 추진법인과 토지소유자 등의 사이에서 실제로 추진할 지역 매니지먼트 활동의 내용 및 역할 분담, 분담금 대상 등, 사업 및 그 징수대상자 등에 관하여 협정을 체결할 필요가 있다.

→ 법률상, 체결범위 안의 토지소유자 등으로부터 상당수의 동의를 얻어야 한다.

⑤ 지구 운영계획 작성

제도 활용에 의한 이점

본 제도를 활용함으로써 얻는 이점은 다음과 같다.

① 마을만들기 단체의 사회적 지위 향상

법적 근거를 갖게 되어 도시재생 정비계획 등의 제안, 도시 편의 증진 협정에 참가 등도 가능하게 되는 도시재생 추진법인이 마을만들기를 견인할 수 있다.

② 공공시설의 관리 등에 특례적 규제 완화

도시재생 특별조치법에 근거하여 도로점용 특례 등의 규제 완화제도를 활용할 수 있다. 또 오사카시는 독자적으로 도로점용료를 전액 면제하고 있다.

③ 안정된 활동 재원의 확보

보조금 교부를 받음으로써 최장 5년간(계속하면 최장 7년간)의 공

〈표 5〉 부담금 또는 BID 세에 관한 선택지

O BID 세제는 현재 일본에 없으므로 BID세를 신설하기 위해서는 기존 법령상의 제도와의 관계로부터 다음의 선택지가 있고, 기존 법령의 개정이 필요하지 않은 것은 ③에 정리하였다.

① 정부의 법령에 따라 새로이 BID세 제도를 신설		• 영국에서 지방재정법 개정으로 BID세를 신설한 것처럼 지방세법을 개정하여 BID세를 신설
② 정부의 법령 개정을 동반하는 기존 세제(부담금)의 활용		• 지방세법 개정 등으로 기존 제도를 부분적으로 수정하는 방법, 별도 법으로 운용 규정을 정하는 방법의 2가지가 있다.
	1) 세법 등의 부분 개정	• 지방세법으로 일정 세율(사업소세), 제한세율(도시계획세)의 세율을 변경 • 또는 법으로 규정된 세금(부담금)의 사용처를 변경, 추가(도시계획세, 도시계획법의 수익자부담금, 사업소세가 해당)
	2) 별도 법에 따른 운용 등	• 법정 외 목적세 제도를 활용하여 BID세를 신설할 수 있는 것을 별법(예를 들면 도시재생특별법)으로 규정. 법정 외 목적세는 지방의 재량으로 신설할 수 있지만, 정부가 기본적으로 규칙을 정해 지방에서의 제도 보급에 이바지하는 이미지
③ 법령 개정은 필요 없는 기존 세제(부담금)의 활용		• 정부의 법령 개정 없이 지방에서 BID세, BID 부담금 신설이 가능한 것은 다음의 3가지 제도다. 　－ 종합부동산세의 불균일 과세에 의한 세율 가중(지방세법 7조) 　－ 시정촌 법정 외 목적세 제도를 활용한 새로운 세금을 신설 　－ 지방자치법의 분담금 징수(지방자치법 224조)

O 법령 개정은 하지 않고 지방 독자적으로 BID세에 사용할 수 있는 제도는 3개가 있지만, BID세로 활용하는 관점으로 본 특징, 과제는 다음과 같다.

	특 징	과 제
a. 종합부동산세의 불균일 과세	• 기업 유치를 위해 감면 조치 등의 활용 사례는 많다(6조 감면 규정에 따른 것) • 법정 외 세금과 같이 처음부터 제도설계를 하지 않아도 되기 때문에 징수 기술적으로는 편한 측면이 있다.	• BID 지구마다 세율과 과세 대상을 변경하는 등의 유연한 운용(예: 소규모 기업과 업종으로 세율을 변경)이 가능한가? • 보통 세금이기 때문에 초과 징수액을 'BID 활동을 위해서' 등 목적세의 의미로 사용할 수 있는가?
b. 법정 외 목적세	• 지구마다 세율과 과세 대상을 바꿀 수 있는 점과 세금 사용처의 규정을 정할 수 있어 유연성이 높다.	• 과세 대상, 표준을 어떻게 할까? 과중할지 아닌지는 어떻게 판단할까? • BID 활동 재원이 커지면 주민 부담이 과중하게 된다.
c. 지방자치법 · 분담금	• 법적으로는 같은 강제력을 갖는다. • 법정 외 세금처럼 징수 규정을 자유롭게 설정 가능(사용처에 대해서는 법정 외 목적세보다 제약이 강하다)	• '특히 이익을 얻는 자'로부터 징수 가능하여 '특히 이익'을 어떻게 설명할까? • 공공과 함께한 행위로 '특히 이익'을 얻었다고 한다면 BID 사업 중 어디까지 분담금을 충당할 수 있는가? • 너무 큰 금액은 징수가 어렵지 않은가?

(오사카시 '제1회 오사카판 BID 제도 검토회' 자료에 일부 가필)

공시설 권리에 관하여 기초적인 재원을 확보할 수 있다. 또한 규제 완화로 공공적 공간을 활용한 수익사업을 시행하여 그 수익을 활동 재원으로 활용할 수가 있다.

오사카판 BID 검토회에서의 논의

오사카판 BID 제도 신설에 있어서 오사카판 BID 제도 검토회에서는 부담금 또는 BID세에 관한 선택지를 제시하여 기존 법령 개정이 필요치 않은 3가지 제도를 검토하였다.

① 종합부동산세의 불균일 과세에 의한 세율 가중(지방세법 7조)
② 시정촌 법정 외 목적세 제도를 활용한 새로운 세금을 신설
③ 지방자치법의 분담금 징수(지방자치법 224조)

이 중에서 ③ 지방자치법의 분담금 제도를 선택하였다.

제1회 오사카판 BID 제도 검토회의 회의록에 따르면,

"분담금 방식을 선택하면 '입구'와 '출구'를 구별하여 생각할 필요가 있다. '입구'에 대해서는 세금과 다르게 구체적인 수익 정도를 명확하게 한 후에 수익자에게 징수하는 것이다. 즉, 오사카시가 사업 시행을 전제로 분담금을 수익자에게 징수하게 된다. 분담금의 부담자와 대가對價·등가等價적인 관계가 형식상 중요하게 된다. 따라서 공공성과 공익성이 높은, 원래 시가 사업해야 하는 것에 한정되어 그 외의 것은 분담금을 징수할 수 없다.

징수한 분담금을 어떤 형식으로 사용할 것인가라는 '출구'에 대해서는 지정관리자 제도를 사용할 경우, '공공시설'은 분담금을 활용할 수 있지만, 공공시설 외에서 분담금을 어떻게 활용할 것인가

　제1장 지역 매니지먼트 제도의 시스템과 재원, 과세

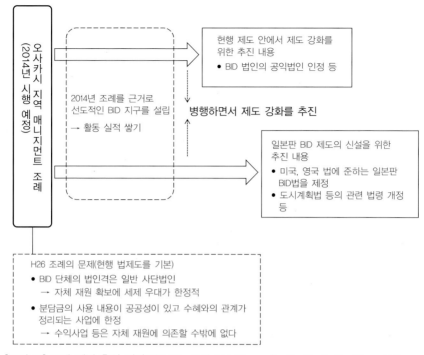

현행 제도 안에서 제도 강화를
위한 추진 내용
● BID 법인의 공익법인 인정 등

2014년 조례를 근거로
선도적인 BID 지구를 설립
→ 활동 실적 쌓기

병행하면서 제도 강화를 추진

오사카시 지역 매니지먼트 조례
(2014년 시행 예정)

일본판 BID 제도의 신설을 위한
추진 내용
● 미국, 영국 법에 준하는 일본판
   BID법을 제정
● 도시계획법 등의 관련 법령 개정
   등

H26 조례의 문제(현행 법제도를 기본)
● BID 단체의 법인격은 일반 사단법인
   → 자체 재원 확보에 세제 우대가 한정적
● 분담금의 사용 내용이 공공성이 있고 수혜와의 관계가
   정리되는 사업에 한정
   → 수익사업 등은 자체 재원에 의존할 수밖에 없다

[그림 18] 조례 제정 후의 전망(오사카시 '제3회 오사카판 BID 제도 검토회' 자료를 바탕으로 작성)

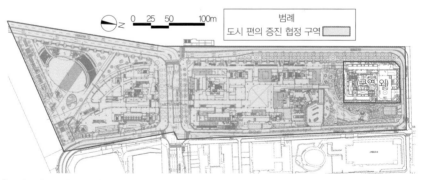

[그림 19] 그랜드 프런트 오사카의 도시 편의 협정 지구 범위(오사카시 도시계획국 자료를 바탕으로 작성)

는 과제디. 이처럼 분담금은 공공성이 전제되기 때문에 입구, 출구 동시에 제약이 발생한다.

지방세법 7조에 의한 종합부동산세를 가중할 경우, BID로 무엇을 하고 싶은지 지구마다 서로 다양하여 획일적이지 않을 가능성이 커 분담금 제도를 활용하는 것이 더 쉬울 것이다.

법정 외 목적세의 경우, 대가성은 분담금보다 약해진다. 분담금의 경우가 수익자를 명확히 한다. 이상으로 기존 제도를 사용한다면 지방자치법에 근거한 분담금이 BID에 제일 활용하기 쉽다."

한편, "본래, 행정이 해야 하는 것을 민간이 수행하는 것만으로는 경제의 파이에 전혀 영향을 주지 않는다. BID의 포인트는 지역 재투자 및 지역경제가 성장하는 것이므로 BID가 시행하는 사업의 공익성을 명확히 하는 것이 포인트다"라는 발언이 기록되어 있다.

지방자치법의 분담금 제도는 행정사업에 대해서 수익자로부터 분담금을 징수하여 징수된 분담금을 당연히 공공시설에 사용하게 된다. 하지만 BID 제도를 오사카에서 추진하는 이유는 오사카시 세금의 많은 부분을 담당하는 중심부의 우메다, 미도스지 주변, 난바 등의 중심시가지를 활성화해 '오사카시만의 평균소득을 높이는 것'에 있다고 생각한다. 그런 생각을 바탕으로 검토위원회에서는 조례제정 후의 전망을 다음과 같이 정리하고 있다(그림 18 참조).

실제로 이 조례를 활용하여 지역 매니지먼트 활동을 시행하고 있는 그랜드 프런트 오사카의 사례를 통해서 이 조례의 과제와 검토 방향성을 찾아보도록 한다.

그랜드 프런트 오사카에서의 조례 활용의 실제

① 도시 편의 증진 협정 구역

도로관리자와 협정 체결을 통해 장소, 대상 구분, 비용 부담 등을 정한다. 이 협정은 지역 주변 보도의 안전, 안심과 도로 공간

〈표 6〉 그랜드 프런트 오사카 지구의 도시 편의 증진 협정 대상 시설

도시 편의 증진시설의 종류	시설 등 명칭
도로, 통로, 주차장, 자전거 주차장, 그 외 유사 시설	• 보도 관련 시설 　– 보도: 표층 포장, 노반, 연석, 연결부 　– 안전시설: 횡단 방지 펜스(북쪽 출구 광장 앞 매설 부분 한정), 점자 블럭 　– 설비: 다기능 조명 기둥(도로시설 부분 한정), 안내사인 기둥(보행자 안내사인 포함), 전선공동구(뚜껑 한정) 　– 식재: 식재대(보호 뚜껑 타입)
식사시설, 구매시설, 휴게 시설, 안내시설, 그 외 유사 시설	• 오픈 카페·매점 등 　– 식사시설: 오픈 카페, 포장마차, 포장 판매 점포, 푸드트럭 등 　– 구매시설: 간이점포, 마르셰, 구매시설 이용자용 테이블·의자 등
광고탑, 안내판, 간판, 표식, 깃발 대, 주차 미터기, 막, 아치, 그 외 유사한 것들	• 광고판·배너광고 　– 광고판, 배너광고 • 부지 내 광고 　– 부지 내외부 공간을 이용한 광고 • 안내사인 　– 자동차용 안내사인·광역 안내사인
아케이드, 펜스, 벤치, 지붕, 그 외 유사한 것들	• 옥외 벤치 　– 보도 내의 휴게시설
비축창고, 내진성 저수조, 그 외 이것들에 속하는 것들	• 비상용 전원 콘센트 　– 재해 발생 상황 외에 활기 창출과 환경 연출에 사용 가능한 보도 내 전원 설비
가로등, 방범 카메라, 그 외 이것들에 속하는 것들	• 다기능 조명 기둥 　– 방범 카메라 　– 스피커·사인 패널 • 방범 카메라 　– 차도 조명대에 추가 설치하는 방범 카메라 • 라이트업 　– 환경 연출 조명

(모리기념재단 2018년도 제1회 지역 매니지먼트 제도 소위원회 자료, 오사카시 도시계획국 자료를 바탕으로 작성)

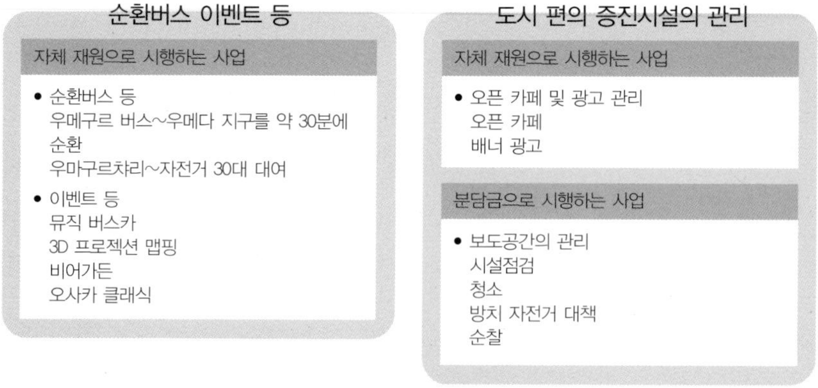

순환버스 이벤트 등

자체 재원으로 시행하는 사업

- 순환버스 등
  우메구르 버스~우메다 지구를 약 30분에
  순환
  우마구르차리~자전거 30대 대여
- 이벤트 등
  뮤직 버스카
  3D 프로젝션 맵핑
  비어가든
  오사카 클래식

도시 편의 증진시설의 관리

자체 재원으로 시행하는 사업

- 오픈 카페 및 광고 관리
  오픈 카페
  배너 광고

분담금으로 시행하는 사업

- 보도공간의 관리
  시설점검
  청소
  방치 자전거 대책
  순찰

[그림 20] 본 조례의 분담금 제도로 시행하는 사업과 범위

(모리기념재단 2018년도 제1회 지역 매니지먼트 제도 소위원회 자료, 다카다 다카시(오사카시 도시계획국)《오사카판 BID 제도와 앞으로의 지역 매니지먼트 활동》을 바탕으로 작성)

의 환경 향상, 활기 만들기를 목적으로 한다. 대상 시설은 〈표 6〉
과 같다.

대상 시설은 여러 가지이지만 분담금 제도 대상이 되는 활동은
[그림 20]에서 열거하고 있는 것으로, 마을만들기 단체가 지구 운
영계획, 연간계획을 작성하여 오사카시에 신청하고, 업무를 협력
업자에 위탁하고 있다. 지역 매니지먼트 단체가 실시하는 지역 매
니지먼트 활동 전체에서 보면 그 일부에 지나지 않는다.

오사카판 BID 제도 운용상의 과제와 검토 방향성

① 분담금 사용처 확대

행정 서비스의 대가인 '분담금'을 재원으로 할 수 있는 활동은
공공공간의 관리 업무에 한정하고 있다. 그 외의 사업은 지역 매
니지먼트 단체의 자체 사업으로 되어있다. 이벤트 등의 손님 모으
기 활동 등으로의 사용처가 확대되기를 원하고 있다.

[그림 21] 그랜드 프런트 오사카 거리공연

② 관리 권한 확대

방치 자전거에 대한 철거 권한이 없다. 지역 매니지먼트 단체
는 방치 자전거에 경고장을 붙이는 정도밖에 할 수가 없다. 도시
재생 추진법인으로 공공시설 관리 권한의 일부를 양도하는 것을
원하고 있다.

③ 세제 우대

일반 사단법인에서는 기부금의 소득공제와 수익금의 공공적 지
역 매니지먼트 활동에의 충당도 공제 대상에서 제외된다. 예를 들
면, 건물 소유자로부터 위탁받은 업무를 통해 수익이 발생할 경우
의 과세 내용이 개선되기를 원하고 있다.

지역재생 지역 매니지먼트 부담금제도

지역재생 지역 매니지먼트 부담금제도

이 제도는 지역재생법 개정으로 2018년 6월 1일에 공포, 시행되었다. 최근 지역 매니지먼트 단체가 주체가 되어 활기 창출, 공공 공간 활용 등을 통해서 지역의 가치를 높이기 위한 지역 매니지먼트 활동이 확대되고 있다.

한편, 지역 매니지먼트 활동에서는 안정적인 활동 재원 확보가 과제가 되고 있다. 특히 지역 매니지먼트 활동에 의한 수혜를 누리면서도 활동에 필요한 비용을 부담하지 않는 무임승차자 문제가 발생하고 있어 지역 매니지먼트 활동에 대한 합의 형성을 촉진하기 위해서는 행정의 관여하에 공정한 규칙을 근거로 수익과 부담의 관계를 명확하고도 적정하게 도모하는 공적인 방법이 필요하다.

이를 위해 해외의 BID 사례를 참고하여 사업자의 일정한 동의를 요건으로 시정촌(특별구도 포함. 이하 동일)이 지역 매니지먼트 단체

지역재생에 이바지하는 지역 매니지먼트 활동

지역 방문객 또는 체류자의 편의 증진과 그 증가에 따른 경제효과 증진을 도모하여 지역의 취업 기회 창출과 경제기반 강화에 이바지하는 활동

(예시)
- 이벤트 개최
- 오픈 스페이스 활용
- 자전거 주차시설 설치
- 활기 창출에 동반해 안전을 위한 경비 등

[그림 22] 지역재생에 이바지하는 지역 매니지먼트 활동(내각부 자료를 바탕으로 작성)

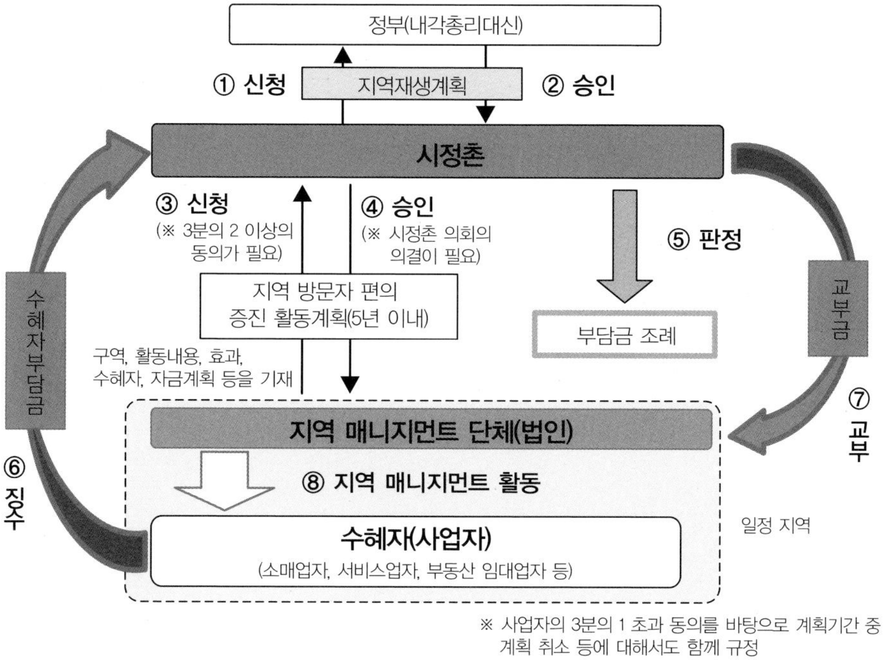
정부(내각총리대신)
① 신청
지역재생계획
② 승인
시정촌
③ 신청
(※ 3분의 2 이상의 동의가 필요)
④ 승인
(※ 시정촌 의회의 의결이 필요)
⑤ 판정
지역 방문자 편의 증진 활동계획(5년 이내)
부담금 조례
구역, 활동내용, 효과, 수혜자, 자금계획 등을 기재
수혜자부담금
교부금
⑦ 교부
지역 매니지먼트 단체(법인)
⑥ 징수
⑧ 지역 매니지먼트 활동
일정 지역
수혜자(사업자)
(소매업자, 서비스업자, 부동산 임대업자 등)
※ 사업자의 3분의 1 초과 동의를 바탕으로 계획기간 중 계획 취소 등에 대해서도 함께 규정

[그림 23] 지역재생 지역 매니지먼트 부담금제도의 개요(그림 22와 동일)

가 실시하는 지역재생에 이바지하는 지역 매니지먼트 활동에 필요한 비용을 그 수익 한도 내에서 활동구역의 수익자(사업자)에 징수하여 이것을 지역 매니지먼트 단체에 교부하는 공공과 민간이 연계하는 제도로 '지역재생 지역 매니지먼트 부담금제도'가 신설되었다. 오사카판 BID 제도의 분담금 활용은 공공시설 공간관리에 한정되어 있었지만 본 제도에서는 이벤트와 순환버스, 오픈 카페 등의 사업에 대해서도 부담금을 활용할 수 있는 점이 크게 다르다.

이 제도는 [그림 23]처럼 절차를 밟아 실시된다. 구체적으로는 시정촌이 지역재생 계획을 정부(내각총리대신)에 신청하여 인정받는다. 그리고 지역재생 계획은 지역경제 활성화, 지역 고용기회 창출, 그 외 지역 활력 재생을 도모하기 위한 시정촌이 작성하는 계획으로 본 제도 활용의 전제가 된다. 지역 매니지먼트 단체(법인)가 지역 방문자 등 편의 증진활동 계획(5년 이내)을 작성하여 시정촌이 신청한다. 신청에 있어서는 지역 내의 사업자(수익자), 예를 들면 소매업자, 서비스 사업자, 부동산 임대사업자 등의 3분의 2 이상 동의가 필요하다. 시정촌 의회의 의결을 통해 시정촌이 지역 매니지먼트 단체의 활동 계획을 승인한다. 시정촌은 의회에 자문하여 부담금 조례를 제정하여 그 조례에 따라서 지역 내의 사업자(수익자)로부터 수익자부담금을 징수한다. 시정촌은 징수한 부담금을 지역 매니지먼트 단체에 교부금으로 교부한다. 지역 매니지먼트 단체는 이것을 재원으로 지역 매니지먼트 활동을 추진한다. 그리고 3분의 1을 넘는 사업자의 동의에 근거하여 계획기간 중의 계획 취소도 규정하고 있다.

지역재생 지역 매니지먼트 부담금제도 가이드라인

지역재생 지역 매니지먼트 부담금제도의 활용에 있어서 제도의 이해 촉진과 활용을 위해 필요한 절차 등의 해설을 목적으로 2019년 3월에 내각관방·내각부에 의해 가이드라인이 만들어졌다. 이 가이드라인은 시정촌의 마을만들기 담당부국의 직원들, 지역 매니지먼트 단체들을 대상으로 하고 있다.

가이드라인은 3부로 구성되어 있는데, 제1부에서는 지역 매니지먼트의 의의·필요성, 본 제도 신설 배경을 설명하고 있다. 제2부에서는 제도의 골격과 시정촌 및 지역 매니지먼트 단체의 역할, 절차와 흐름을 설명하고 있다. 제3부에서는 지역 매니지먼트 활동

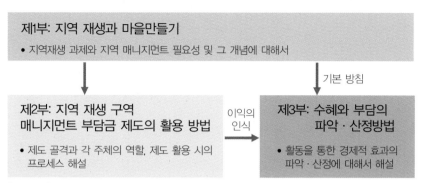

[그림 24] 지역재생 지역 매니지먼트 부담금제도 가이드라인의 구성(내각부 〈지역재생 지역 매니지먼트 부담금제도 가이드라인〉을 바탕으로 작성)

에 의한 경제적 효과(이익)의 파악 · 산정 방법 및 자료수집 방법, 지역 매니지먼트 활동의 효과 전달 방법에 관해서 설명하고 있다.

여기서는 제3부 지역 매니지먼트 활동에 의한 경제효과의 인식과 수익, 부담의 파악 · 산정 방법에 관해서 이야기하도록 한다.

그리고 제1부 지역 매니지먼트의 의의 · 필요성에 대해서는 앞서 출판한 《도시의 가치를 높이는 지역 매니지먼트》의 제1장 '도시의 가치를 높이는 지역 매니지먼트란?', 제2장 '어떠한 지역 매니지먼트 활동이 이루어지고 있는가?', 제3장 '해외 도시의 매력을 만드는 BID와 지역 매니지먼트'의 내용을 함께 참조하길 바란다.

가이드라인 제2부는 '지역재생 지역 매니지먼트 부담금제도의 골격'으로 제3부의 설명을 위해서 빠질 수 없는 '본 제도의 대상이 되는 활동과 그 이익', '수익사업자와 부담금 설정', '본 제도를 담당하는 공공과 민간의 연계에서의 주체와 그 역할'에 대해서는 여기서 설명한다.

지역재생 지역 매니지먼트 부담금제도 골격

① 대상 지역

대상 지역은 지역 사업자가 지역 매니지먼트 활동으로 인해 수혜를 볼 것으로 예상되는 지역이다. 제도상으로는 자연적, 경제적, 사회적 조건으로 보더라도 하나의 지역으로 판단되고 방문객 증가로 사업 기회 증대와 수익성 향상을 도모할 수 있는 사업을 시행하는 사업자가 모여 있는 지역으로 정하고 있다. 따라서 주택지는 대상 외다.

② 활동 시행 주체

법인 자격을 가진 지역 매니지먼트 단체에 한정하고 있다. 시정촌으로부터 교부금을 적정하게 관리, 집행하는 체제가 있어서 단체 안의 책임 관계가 분명한 것이 요청되고 있기 때문이다.

③ 대상이 되는 지역 매니지먼트 활동과 방문자 등

대상이 되는 지역 매니지먼트 활동은

• 방문자 등의 편의 증진에 이바지하는 시설 또는 설비의 정비, 관리에 관한 활동

• 방문자 등의 증가를 도모하기 위한 홍보 또는 행사 시행, 그 외 활동으로 2가지 활동이 정의되어 있다. 지역에 방문하여 머무는 사람들의 증가와 편의성 향상에 이어지는 활동을 대상으로 하고 있다. 또한, '방문자 등'은 구매 손님과 관광객뿐만 아니라 거기서 일하는 취업자도 포함한다. 〈표 7〉에 대상이 되는 지역 매니지먼트 활동을 5개 유형으로 구분하여 방문자 등의 편의 증진활동과 방문자 등의 증가를 도모하는 활동과의 관계를 나타내고 있다.

〈표 7〉 대상이 되는 5개 활동과 방문자 등의 증가 및 편의 증진과의 관계

이벤트 사업	공공공간 정비, 운영사업	정보 발신 사업	공공 서비스 사업	경제활동 기반 강화 사업
• 축제 및 마르셰, 일루미네이션 등 방문자를 직접적으로 유도하는 것으로 이어지는 사업	• 보행자 공간의 충실화, 각종 설비 정비 및 일상적인 관리 운영 등 방문자, 체재자의 편의성과 쉼터를 제공하는 것으로 연결되는 사업	• 지역에 관련해 다양한 정보를 집약 및 발신(WEB과 지도 등), 지역 한정 미디어 구축 등 방문자, 체재자의 편의성을 높이면서 동시에 지역 홍보로 연결되는 사업	• 교통에 관한 서비스와 비즈니스 지원 등, 지역 내 기업, 체재자의 편의성을 높이는 것으로 이어지는 사업	• 지역 내의 청소와 경비, 방재 대응능력 강화 등 지역으로 기업 입지와 신규 점포 유치 등 경제활동의 활성화를 뒷받침하는 기반 형성으로 이어지는 사업

방문자 등의 편의성 증진에 이바지하는 활동

방문자 증가를 도모하는 활동

(그림 24와 동일)

④ 활동에 의한 이익

법에서는 '지역 방문자 등 편의 증진활동으로 발생하는 이익을 얻는 사업자로부터 시정촌이 부담금을 징수'라고 명기되어 있어서 활동에 의한 이익을 어떻게 인식하는가가 중요하다.

지역 매니지먼트 활동으로부터 직접 유도되기 쉬운 효과·이익, 예를 들면 방문자 등의 증가, 만족도 향상, 사업비용 삭감 등이 있다. 한편, 지역 매니지먼트 활동만으로는 인과관계가 설명하기 어려운 효과 및 이익이 있는데, 예를 들면 매출액 증가, 지가地價와 임대료 상승, 공실률 저하 등이 있다. 특정한 사업자의 이익이 아니라 지역 전체에 생겨나는 이익을 고려한 것도 중요하다고 생각한다.

⑤ 수혜 사업자

지역에 방문자가 증가하여 사업에 이점이 발생하는 사업자를

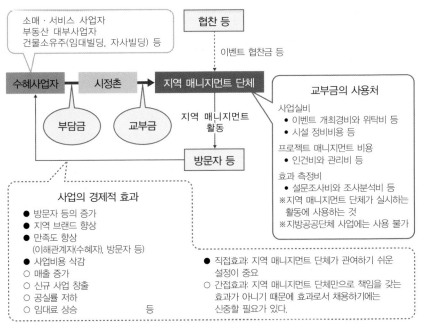

소매 · 서비스 사업자
부동산 대부사업자
건물소유주(임대빌딩, 자사빌딩) 등

협찬 등

이벤트 협찬금 등

수혜사업자 → 시정촌 → 지역 매니지먼트 단체

부담금   교부금

지역 매니지먼트 활동

방문자 등

교부금의 사용처

사업실비
● 이벤트 개최경비와 위탁비 등
● 시설 정비비용 등

프로젝트 매니지먼트 비용
● 인건비와 관리비 등

효과 측정비
● 설문조사비와 조사분석비 등
※지역 매니지먼트 단체가 실시하는 활동에 사용하는 것
※지방공공단체 사업에는 사용 불가

사업의 경제적 효과

● 방문자 등의 증가
● 지역 브랜드 향상
● 만족도 향상
   (이해관계자(수혜자), 방문자 등)
● 사업비용 삭감
○ 매출 증가
○ 신규 사업 창출
○ 공실률 저하
○ 임대료 상승   등

● 직접효과: 지역 매니지먼트 단체가 관여하기 쉬운 설정이 중요
○ 간접효과: 지역 매니지먼트 단체만으로 책임을 갖는 효과가 아니기 때문에 효과로서 채용하기에는 신중할 필요가 있다.

[그림 25] 수혜 사업자, 시정촌, 지역 매니지먼트 단체와의 관계(그림 24와 동일)

대상으로 소매 · 서비스업, 사업자 대상 서비스업, 부동산 임대업, 임대 건물과 자사 건물의 소유자 등이 포함된다.

⑥ 계획의 동의

본 제도에서는 '총 수혜 사업자의 3분의 2 이상으로 부담하게 되는 부담금 합계금액이 총 수혜 사업자가 부담하게 되는 부담금 총액의 3분의 2 이상의 동의를 얻지 않으면 안 된다'고 규정하고 있다.

⑦ 부담금 설정

지역 방문자 등 편의 증진활동으로 받게 될 것으로 예상되는 이익을 전제로 부담금 수준을 설정하는 것이 필요하다. 수혜 사업자의 부담에 대해 이해 정도가 합의 도출로 연결된다.

⑧ 교부금으로 활용할 수 있는 경비

시정촌이 지역 매니지먼트 단체에 교부하는 교부금은 사업비 (이벤트 개최비용, 위탁비 등), 프로젝트 매니지먼트 비용(직원의 인건비와 관리비), 효과 측정비용(각종 조사비와 보고서 작성비 등) 등으로 활용할 수 있다. 단, 지방공공단체의 사업비 등에는 사용할 수 없다.

⑨ 공공과 민간이 연계하는 주체와 역할

• 행정(시정촌)

지역 재생계획 작성, 부담금 조례 제정, 부담금 징수와 교부금 교부, 지역 매니지먼트 단체의 감독 등을 실시한다.

• 지역 매니지먼트 단체

지역 방문자 편의 증진활동 계획의 수립, 활동 시행과 시정촌 및 이해관계자에 대해 보고한다.

• 사업자(수혜 사업자)

부담금을 부담한다.

지역 매니지먼트 효과 및 수입 파악, 산정 방법

① 경제효과의 기본적인 사고방식

방문자의 정의, 경제효과 설정 방식은 앞의 '③ 대상이 되는 지역 매니지먼트 활동과 방문자 등'을 참조. 수치상으로 파악해야 할 내용은 다음과 같다.

• 경제효과: 주로 방문자의 증가를 목적으로 하는가, 또는 방문자의 편의 증진을 목표로 하는가에 따라 달라지지만 적어도 장래 예상인 '추계'다.

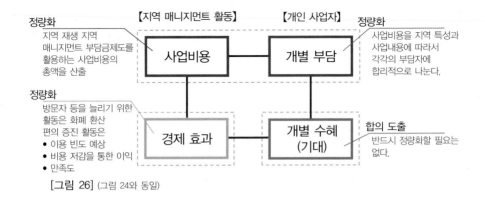

【지역 매니지먼트 활동】 【개인 사업자】

정량화
지역 재생 지역
매니지먼트 부담금제도를
활용하는 사업비용의
총액을 산출

정량화
사업비용을 지역 특성과
사업내용에 따라서
각각의 부담자에
합리적으로 나눈다.

정량화
방문자 등을 늘리기 위한
활동은 화폐 환산
편의 증진 활동은
• 이용 빈도 예상
• 비용 저감을 통한 이익
• 만족도

합의 도출
반드시 정량화할 필요는
없다.

사업비용 — 개별 부담

경제 효과 — 개별 수혜 (기대)

[그림 26] (그림 24와 동일)

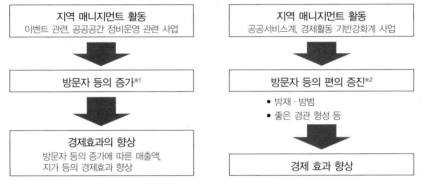

지역 매니지먼트 활동
이벤트 관련, 공공공간 정비운영 관련 사업

방문자 등의 증가※1

경제효과의 향상
방문자 등의 증가에 따른 매출액,
지가 등의 경제효과 향상

지역 매니지먼트 활동
공공서비스계, 경제활동 기반강화계 사업

방문자 등의 편의 증진※2
• 방재 · 방범
• 좋은 경관 형성 등

경제 효과 향상

※1 지표
보행자 통행량과 이벤트 참가자 수, 방문자 수, 주차장 이용대수를 바탕으로 한 환산 등
※2 지역 매니지먼트가 방재와 방범, 안전, 주민의 의식 향상, 상호이해, 가로경관 형성에 효과가
있다는 조사 결과 또한, 방재, 방범, 안전과 주민의 의식 향상, 상호이해, 가로경관 형성이
지가에 영향을 미치고 있다는 연구성과가 있다.

[그림 27] 지역 매니지먼트 활동과 경제효과의 관계성(그림 24와 동일)

- 사업비용: 활동 내용 · 활동량에 따라 전체 비용으로서 산출
  한다.
- 개별 부담: 전체 비용을 사업자수로 나눈다. 균등하게 부담하
  는가, 사업 규모에 따라 합리적인 차이를 설정하는가 등 지역
  상황에 맞춰 정리한다.
- 개별 수혜: 각각의 수혜 사업자의 효과 · 이익에 따라 지역 매

니지먼트 활동은 간접적으로 작용한다고 생각되기 때문에 꼭 정량화할 필요는 없다.

정량화된 지역 매니지먼트 활동의 경제효과는 사업비용을 넘어 개별부담액이 사업자 사이에 공평하고 타당하게 산정할 수 있다면 부담은 각 사업자가 얻게 되는 이익의 한도 안으로 정하는 것이 좋다고 생각한다.

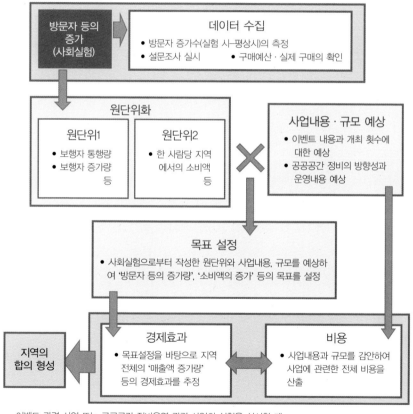

이벤트 관련 사업 또는 공공공간 정비운영 관련 사업의 실험을 실시할 때
정보발신 관련 사업과 경제활동 기반 강화 관련 사업을 동시에 실시한다.

[그림 28] 방문자 등의 증가를 도모하는 활동에 의한 수혜 파악 · 산정 흐름

지역 매니지먼트 활동과 경제효과 관계성

방문자 등의 증가와 경제효과의 관계성에 대해서는 국토교통성 도시국 도시계획과 '지역의 활성화를 측정하는 보행자 통행량 조사 가이드라인'(2018년 6월)에 보행자 통행량 증가와 매출액, 지가와의 관계가 정리되어 있다.

또한, 지역 매니지먼트 활동에 의한 방재·방범·안전 효과, 주민 등의 의식향상·상호이해, 중심시가지와 경관 형성 효과가 어느 정도 인정된다는 조사 결과도 있다.

수입 파악, 산정의 유의점

① 수혜의 산정에 있어서 지역에 따라 다양한 방법을 생각하도록 한다.
② 이미 많은 활동이 이루어지고 있어 그 경제효과가 수혜 사업자에게 이해를 얻고 있는 경우는 실적을 바탕으로 경제효과 예상을 화폐가치로 환산하는 등, 정량적으로 정리하여 계획을 작성하고 수혜 사업자의 동의를 얻는다.
③ 새롭게 활동을 시작하는 경우와 종래 활동에 대해서 새롭게 경제효과를 파악하여 수혜 사업자의 이해를 얻는 경우는 사회실험 등을 통해서 장래 수혜를 추계하고 수혜 사업자의 동의를 얻는 것이 바람직하다.

수입의 파악, 산정

① 방문자 등의 증가를 도모하는 활동에 의한 수혜 파악·산정

- 구체적인 이벤트 실시와 일시적인 공공공간 변화(예: 도로상의 오픈 카페, 파크렛Parklet 설치) 등을 실시하여 그때의 보행자 통행량 등을 측정한다.

- 동시에 설문조사를 실시하여 방문자 등이 그 지역에 어느 정도 소비했는가, 또는 소비할 예정인가를 파악한다.

- 설문조사에 의해 파악한 구매 예산과 구매 실적의 한 사람당 금액에 방문자 등의 증가 정도를 곱하여 지역의 매출액 증가를 추정한다.

② 방문자 등의 편의 증진에 이바지하는 활동에 의한 수혜 파악·산정

- 방문자 등의 편의 증진활동의 경우, 설문조사를 통해 경제효과를 파악한다.

- 예를 들면, 다음과 같은 관점으로 활동의 필요성을 명확히 한다.
  - → 수익 향상이 아니라 방문자와 머무는 사람의 편의를 증진하는 것이 목적이다.
  - → 방문자 등이 이용하는 빈도가 높은 정도는 사전에 예상할 수 있다.
  - → 활동을 개별적으로 실시하기보다 공동으로 시행할 경우가 비용면에서 절약할 수 있다.

- 사회실험을 시행할 때 활동의 중요도와 서비스에 의한 만족도를 물어봐 그 자료로 경제효과에 이바지한다는 설명으로 이용하는 것도 가능하다.

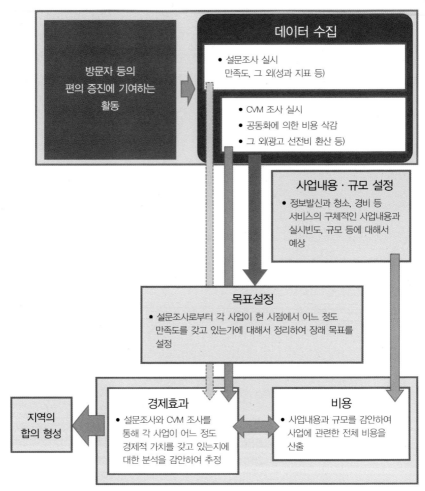

[그림 29] 방문자 등의 편의 증진에 이바지하는 활동에 의한 수혜 흐름(그림 24와 동일)

- CVM⁶라는 방법에 따라 화폐로 환산하는 것도 가능하다.

---

6   CVM(Contingent Valuation Method, 가상가치평가법) 조사란 설문조사를 이용하여 사람들의
    지불의사비용(Willingness to Pay, WTP) 등을 물어 시장에서 거래되지 않는 재화(효과)의 가
    치를 추정하는 방법이다.

민간 마을만들기 활동의 재원 확보를 위한 틀 만들기에 관한 가이드라인

목적

이 가이드라인은 2018년 8월에 국토교통성 도시국 마을만들기 추진과에서 작성하였다. 목적은 '많은 민간 마을만들기 활동단체는 자체 재원과 전문 인재의 부족이라는 과제에 직면해 있다. 따라서 본 가이드라인에서는 이 중 재원 확보를 위한 대응에 초점을 두고 지역 내의 민간 마을만들기 활동단체의 연계를 통해 필요한

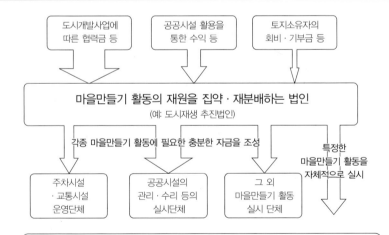

[그림 30] 민간 마을만들기 활동의 재원 확보를 위한 틀 만들기에 관한 가이드라인의 틀
(도시교통성 도시국 마을만들기 추진과 자료를 바탕으로 작성)

재원을 장래에도 계속해서 확보하기 위한 틀 만들기를 관계부처의 협력도 얻으면서 제시하는 것'(본 가이드라인 1쪽에서 인용)이다.

개요

많은 민간 마을만들기 단체가 재원을 어떻게 확보할 것인가를 큰 과제로 지적하고 있다. 한편, 그 지역을 보게 되면 마을만들기 활동에 활용할 수 있을 것 같은 재원과 조달 방법이 다양하게 존재하고 있어, 지역에서 발생하는 각종 재원을 통합하여 지역 전체에서 재원의 과부족을 조정하는 것이 유효하다. 본 가이드라인은 기존 제도를 조합하여 지역에서 발생하는 재원을 지역에서 효과적으로 활용할 수 있는 틀로 '재분배 법인'을 제안하여 그 세무 관계를 정리한 것이다.

주요 특징

① 지역에서 발생하여 지역 민간 마을만들기 활동에 활용할 수 있는 재원을 '지역 마을만들기 협력금'이라 하고 각각의 예를 들었다.

- 도시개발사업의 시행에 따른 개발사업자가 내는 협력금 등
  예: 설치 의무 주차장의 정비 대수 완화에 따른 협력금
- 공공공간(도로, 광장, 시설 등) 등의 이용·활용에 의한 수입의 일부
  예: 이벤트 개최 수입, 광고물 수입
- 지역 내외에서 얻는 자금
  예: 회비, 기부금(크라우드 펀딩도 포함)

② 지역 마을만들기 협력금을 모아 지역 전체를 파악하여 재원의 조정기능을 담당하는 법인을 '재분배 법인'이라 명명하고 재분배 법인의 업무 내용과 적합한 법인 형태를 명시하였다.

- 재분배 법인의 업무
  1) 지역 마을만들기 협력금의 집약 · 관리
  2) 마을만들기 활동에 자금 지원
  3) 마을만들기 활동의 일정부분을 자체적으로 실시 등
- 재분배 법인에 적합한 법인 형태
  일반사단 · 재단법인(비영리형) 등, 법인 요건과 효과를 비교하여 지역에 있어서 효율적인 법인 형태를 선택한다.
- 재분배 법인은 지자체의 마을만들기 비전에 따라 활동을 촉진하도록 도시재생 추진법인으로 하는 것을 추천

③ 재분배 법인의 법인 형태와 업무 내용을 바탕으로 현행 세제상 법인세의 과세 관계를 정리하여 명시하였다.

- 재분배 법인이 일반사단 · 재단법인(비영리형)일 경우
  1) 자금 지원 업무는 이익을 얻는 활동이 아니기 때문에 수익사업에는 해당하지 않아 과세가 문제가 되는 경우는 적다 (=비과세).
  2) 자체적으로 실시하는 업무7는 수익사업에 해당하는 가능성이 적다. 하지만 유료로 실시하는 경우는 세무서에 확인이 필요하다.

7　자체적으로 실시하는 업무로는 ① 지역 장래 이미지와 규칙의 수립 및 운용, ② 마을만들기 정보 발신 및 홍보, ③ 공공 공익시설의 (재)정비, 관리, 수선 등, ④ 커뮤니티 버스, 커뮤니티 사이클의 운영, ⑤ 마을만들기 세미나 등의 개최, ⑥ 가로경관 보전 및 녹화, ⑦ 업무계속 지구의 구축 및 운영, ⑧ 방법 · 방재 활동, ⑨ 지역 활성화에 이바지하는 활동을 예시

• 재분배 법인이 공익사단·재단법인일 경우

행정으로부터 공익 인정을 받을 시, 공익목적 사업으로 인정받은 사업에 대해서는 세무상의 수익사업에 해당하는 것이더라도 해당 사업은 수익사업으로 인정되지 않아 법인세는 비과세로 된다.

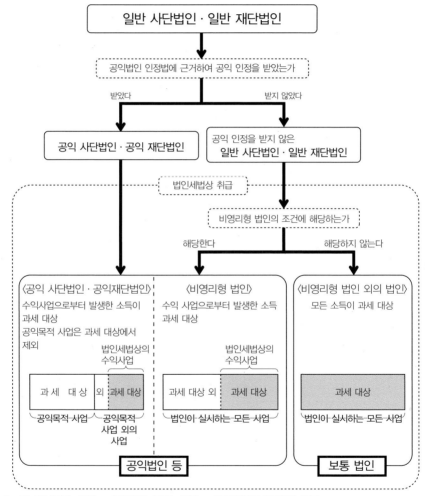

[그림 31] 일반 사단·재단법인, 공익 사단·재단법인의 법인세 취급(국토교통성 도시국 마을만들기 추진과 〈민간 마을만들기 활동의 재원 확보를 위한 틀 만들기에 관한 가이드라인〉을 바탕으로 작성. 원출처: 국세청 〈일반 사단법인·일반 재단법인과 법인세〉(2014.3))

1-3

해외 지역 매니지먼트의 재원과 실제

    일본에서는 지역 매니지먼트 활동의 원동력이라고 말할 수 있는 재원을 어떻게 조달할지가 큰 과제가 되고 있다. 이번 장에서는 강제 징수 방법을 활용할 뿐 아니라 자체적인 노력, 행정과의 연계를 통해 재원을 확보하는 해외 BID의 방법을 미국, 영국, 독일의 사례를 통해 소개한다.

해외 BID 제도 특징

    해외에서는 업무·상업지역의 이해관계자(부동산 소유자와 사업자 등)의 합의로 행정이 청소, 방범, 상업 진흥, 활기 창출에 필요한 자금을 이해관계자로부터 강제적으로 징수하여 이러한 활동을 시행하는 지역 매니지먼트^{BID} 단체에 교부하는 시스템으로 BID^{Business Improvement District} 제도가 널리 활용되고 있다.

    BID 제도는 1960년대에 무임승차자 대책으로 캐나다 중심시가지에서 도입된 것을 계기로 1970년대 미국, 2000년대에 영국과 독일에서 차례로 도입되어 현재는 그 외 유럽 전역, 호주, 뉴질랜드,

브라질, 남아프리카 등에서도 그 활용을 볼 수 있다.

본 제도의 특징 중 하나로 행정과 BID 단체와의 역할 분담을 들 수 있다. BID 단체는 원래 행정이 실시하는 기초적인 서비스를 대신해서 시행하는 것이 아니라 행정 서비스의 부가적인 것들, 즉, 지역의 가치를 높이는 그레이드 업 서비스를 시행하는 것이라는 생각이 본 제도의 기본이다. 그래서 자금은 토지소유자와 사업자가 행정에 내는 매출세, 사업소세, 자산세 등의 세금과 분리하여 부과금으로 또는 기존 세금에 가중하는 방식으로 세금이 매겨지어 BID 단체에 교부된다. 본 제도는 이중과세와 증세가 아니냐고 생각되기 쉽지만, 행정에 의한 최소한의 서비스에 만족하지 않고 지역 이해관계자가 이해하여 서로 자금을 내어 협력하여 지역을 개선하고 성장시켜 나가기 위한 제도인 것을 인식하는 것이 중요하다.

BID 단체 중에는 위의 BID세(부과금)에만 의존하지 않고 조성금, 기부금, 지정관리료, 시설사용료 등의 활동 재원으로 지역의 더 나은 그레이드 업을 도모하는 단체도 있다.

또한, 미국의 일부 지역에서는 BID 단체의 활용이 예상되는 공공공간을 행정이 TIF^Tax Increment Financing라는 도시개발의 자금조달 방법(지역 매니지먼트 활동으로 장래에 증가할 세수를 담보로 채권을 발행하는 방법)을 이용하여 정비하고 있는 사례도 있다. TIF의 적용 지역은 현재 뭔가의 과제를 갖고 있어 공공공간을 정비하는 것으로 장래에 안정적인 수입이 발생할 가능성이 큰 지역이라고 볼 수 있다. 일본에는 TIF 제도는 없지만, 유사한 방식에 의해 지역 매니지먼트 단체의 활용을 전제로 행정이 정비한 공공공간을 지역 매니지먼트 단체가 활용하여 지역 매니지먼트 광고 사업 수입 등, 안정적인 수입을 얻고 있는 사례가 있다.

앞으로 일본에서도 TIF 제도처럼 재원 확보 방법이 기대된다. 여기서는 미국과 영국의 BID 단체의 수입과 재원 구성을 소개한다.

미국의 BID와 재원

미국의 BID 제도 특징

미국에서는 1970년대에 치안이 악화하여 황폐화한 중심시가지를 재생하기 위해 민간단체가 주체적으로 방범과 청소 등을 추진하는 중에 각 도시로 BID가 확대되어 갔다. 미국에는 2011년 기준 1000곳 이상의 BID가 있는데(국제 다운타운 협회 조사), 이렇게 활동이 확대된 이유 중 하나는 주민이 학교 교육과 경찰, 도로 등의 부분적인 행정 서비스만을 시행하는 지자체를 설치할 수 있는 권리(홈룰 권리)를 갖고 있기 때문이라고 볼 수 있다.

미국 BID의 큰 특징은, ① 주州법 또는 시 조례에 특별구(준 정부 조직의 한 형태)로서 규정되어 있는 점, ② BID 대상 지역을 명확하게 하여 그 지역의 관리 운영 주체로서 BID 단체를 정하고 있는 점, ③ 활동기간 중에 실시하는 프로그램과 정비·관리하는 시설을 명시하여 재원 징수 방법과 수혜자 부담 방법 등이 하나의 패키지로 법률에 정해져 있는 점에 있다.

BID 단체는 비영리 민간단체로 세 부담자의 합의(미국은 다수결)를 전제로 하여 특정 지역과 기간 한정 등의 조건을 바탕으로 법적으로 일정한 권한이 부여된다. 또, BID 단체는 대상 지역의 부동산 소유자(일부 지역은 사업자를 포함)로부터 행정이 징수하는 BID세를 주요 재원으로 청소, 방범, 매력 향상을 위한 이벤트 등의 활동을 시행하고 있다. 부담자의 세액은 BID 설치기간 중의 활동비용을 산출하여 그중 세금으로 충당하는 금액을 부담자가 소유하고 있는 부동산 과세 평가액과 총 바닥면적 등의 비율로 나누어 산정하게 된다.

뉴욕시 BID 수입 규모와 재원 구성

많은 BID가 있는 뉴욕에서는 1981년에 뉴욕주의 BID 법이 성립되어 1982년에 뉴욕시의회에 의해 BID 조례가 제정되었다. 2018년 현재, 뉴욕시에는 76개의 BID가 운영되고 있다.

뉴욕주법에는 BID 설립조건으로 토지소유자 수, 대상 구획 수, 자산평가액, 예정 부담금액 등을 환산하여 부동산 소유자의 3분의 2 이상의 지지를 얻어야 하는 점, 공청회 후 반대 서명 제출 기회가 있어서 부동산 평가액과 토지소유자 수 환산, 양쪽이 51% 이상의 부동산 소유자 반대가 없는 점을 규정하고 있지만, 뉴욕시의 경우, 위의 요건을 명확히 공표하지 않고 있어 공식적인 투표 절차 없이 충분한 지지를 얻을 때까지 설명회 등을 반복해서 개최하고 있다.

뉴욕시의 중소기업 서비스국이 발행하는 〈BID 리포트NYC Business Improvement District Report FY'18〉에 의하면 전 BID의 2018년도 수입 합계가 1.55억 달러(1838억 원, 1달러=1186원으로 환산)다.

수입 구성은 74.0%가 BID 세수입, 14.4%가 자금조달 활동 수입(플라자 유지관리, 지정관리, 배너, 주차장, 쓰레기통), 8.6%가 기부금,

1.6%가 보조금, 그 외 수입이 1.4%다. 수입 규모별 BID 단체 수를 보면 수입이 50만 달러(5.93억 원) 미만의 중·소규모 단체가 34단체, 50만 달러 이상의 대규모 단체가 40단체다.

수입 규모가 큰 BID의 재원 구성

뉴욕시 중에서 수입 규모가 큰 4곳의 BID 단체의 수입은 많은 순서로 얼라이언스 포 다운타운Alliance for Downtown 이 1891만 달러, 타임스 스퀘어 얼라이언스Times Square Alliance가 1815만 달러, 그랜드 센트럴 파트너십Grand Central Partnership이 1366만 달러, 브라이언트 파크Bryant Park가 1198만 달러다.

수입에 BID 세가 차지하는 비율이 높은 순서는 그랜드 센트럴 파트너십(93.0%), 얼라이언스 포 다운타운(84.1%), 타임스 스퀘어 얼라이언스

[그림 32] 뉴욕시의 BID 분포 상황(2018 년도)(NYC Business Improvement District Trends Report FY'18(The NYC Department of Small Business Services)을 바탕으로 작성)

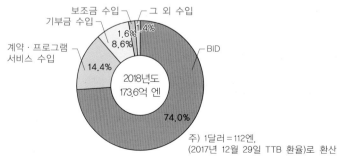

[그림 33] 뉴욕시 BID 수입 구성(2018년도, 76곳의 BID 합계(그림 32와 동일)

〈표 8〉 뉴욕시의 수입 규모가 큰 BID 재원 구성

주: 각 연도(12월)의 엔 환산 환율은 2015년도: 1달러=119.61엔, 2016년도: 1달러=115.49엔을 적용)

얼라이언스 포 다운타운 뉴욕(2016년도)

수입항목	금액	구성비(%)
BID 세 수입	18.3629억 엔	84.1
그 외 수입	3.4742억 엔	15.9
합계	21.8371억 엔	100.0

(Alliance for Downtown New York, Inc. "Alliance for Downtown New York 2017 Annual Report"을 바탕으로 작성)

타임즈 스퀘어 얼라이언스(2016년도)

수입항목	금액	구성비(%)
BID 세 수입	14.5967억 엔	69.6
보조금 수입	1675만 엔	0.8
기부금 · 스폰서 수입	3.2657억 엔	15.6
현물 기부	1113만 엔	0.5
프로그램 서비스 수입	2.7921억 엔	13.3
이자 수입	306만 엔	0.1
합계	20.9639억 엔	100.0

(TIMES SQUARE DISTRICT MANAGEMENT ASSOCIATION, Inc. "Financial Statements and Auditors' Report June 30, 2017 and 2016"을 바탕으로 작성)

그랜드 센트럴 파트너십(2016년도)

수입항목	금액	구성비(%)
BID 세 수입	14.6781억 엔	93.0
프로그램 서비스 수입	4971만 엔	3.2
퍼싱 스퀘어 임대 수입	2874만 엔	1.8
투자 수입	3126만 엔	2.0
합계	15.7751억 엔	100.0

(Grand Central Partnership "GRAND CENTRAL PARTNERSHIP ANNUAL REPORT 2017"을 바탕으로 작성)

브라이언트 파크(2015년도)

수입항목	금액	구성비(%)
BID 세 수입	1.9138억 엔	13.4
기부금 · 스폰서 수입	5.8291억 엔	40.7
레스토랑 임대료	2.6682억 엔	18.6
공원 사용료	1.8587억 엔	13.0
영업권 수입	1.9003억 엔	13.3
이자 수입	79만 엔	0.1
그 외 수입	1555만 엔	1.1
합계	14.3334억 엔	100.0

주) 기부금에는 봉사 서비스를 포함
(BRYANT PARK CORPORATION AND BRYANT PARK MANAGEMENT CORPORATION "Consolidated Financial Statements June 30, 2016(with comparative financial information as of June 30, 2015)"을 바탕으로 작성)

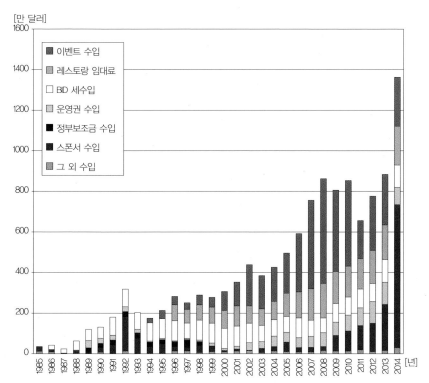

[만 달러]

凡例:
- 이벤트 수입
- 레스토랑 임대료
- BID 세수입
- 운영권 수입
- 정부보조금 수입
- 스폰서 수입
- 그 외 수입

[그림 34] 브라이언트 파크 코퍼레이션의 수입 구성 추이(1985-2014년)(Bryant Park Corporation(브라이언트 파크의 관리 운영단체)의 발표 자료(2015년 4월 수령)를 바탕으로 작성)

(69.6%), 브라이언트 파크(13.4%)였다. 타임스 스퀘어 얼라이언스의 활동 지역은 브로드웨이를 포함한 엔터테인먼트가 많은 번화가이기 때문에 기부금이 모여 이벤트를 통한 수입이 많다. 또, 브라이언트 파크는 뉴욕시가 소유하는 공원의 유지관리를 시행하고 있어서 그 활동 재원을 BID 세에 의존하지 않고 많은 부분을 시의 조성금과 이벤트 공간 사용료, 레스토랑 임대료로 감당하고 있다. 브라이언트 파크의 BID 세에 의존하지 않는 경향은 이벤트 비용(공원 사용료)과 영업권 수입이 늘어나기 시작한 2000년 무렵부터 계속해서 2014년에는 후원 수입이 더 증가하여 총수입이 1400

만 달러에 이르렀다.

참고) 오사카판 BID 제도에 의한 분담금과 뉴욕시의 BID 세금의 평균 단가

　2014년에 만들어진 오사카판 BID 제도도 미국의 BID와 같이 행정(오사카시)이 이해관계자로부터 지역 매니지먼트 활동에 필요한

구역 가정

연면적	50ha
보도	1ha
공원	0.5ha
지하도	0.3ha

관리비
원단위
예상

보도	4000엔/㎡·년	보도와 벤치 등의 유지·관리, 경비·청소비, 전기료 등
공원	1000엔/㎡·년	공원·식재 등의 유지·관리, 경비·청소비, 전기료 등
지하도 ※	10000엔/㎡·년	설비보수, 경비청소, 광열·수도비, 플랜터 관리 등

주) 관리비는 높은 급의 시설 기준(단, 지하도는 시설 자체의 일반적인 유지관리비 비율이 높다). 또한, 관리비에 경비, 점용료는 불포함.

※ 데크의 경우, 3000-4000엔/㎡ 정도

연면적당 공공시설 관리비=분담금

	연간관리비 합계	연면적당
보도	4000만 엔=1ha×4000엔/㎡	80엔/㎡
공원	500만 엔=0.5ha×1000엔/㎡	10엔/㎡
지하도	3000만 엔=0.3ha×10000엔/㎡	60엔/㎡

연면적 1㎡당 1년간 총 150엔 정도의 분담금이 발생한다.

〈비교 자료〉

　○ 뉴욕시의 BID세액 평균

연면적당 185엔/㎡

- 1BID당 연면적 평균 88ha
- 평균 용적률(gross) 774%

출처 : 뉴욕대학 'Evidence from New York, 2007년 5월' 게재의 'The Impact of BID on Property Values'

환산 : 2007년 평균 환율=115엔/달러로 환산

주) BID세액에는 공공공간 관리 외의 활동에 사용하는 비용과 조직운영비도 포함된다(30~40% 정도).

[그림 35] 지역 매니지먼트 분담금 모델의 예상 계산(오사카시 도시계획국 '제3회 오사카판 BID 검토회 자료'(2013년 11월)를 바탕으로 작성)

경비를 분담금으로 징수하여 그것을 지역 매니지먼트 단체에 교부하고 있다. 또한, 제도설계 시에 오사카시에 의해 시험적인 지역 매니지먼트 분담금의 예상 계산이 진행되었는데, 그것에 따르면 그랜드 프런트 오사카의 분담금은 총 바닥면적 1㎡당 150엔으로 산출되어 뉴욕시의 BID 세금 단가(총 바닥면적 1㎡당 연 185엔, 공공시설 관리 외의 비용과 조직운영비를 포함)와 비교하여 거의 같은 부담을 가정하게 되어있다.

영국의 BID와 재원

영국의 BID 제도 특징

영국의 BID는 행정과 민간이 연계하는 것으로 중심시가지 재생 수법으로 활용된 TCM^{Town Centre Management}이 기반이 되어있다. TCM의 계속된 재원 확보를 위해 BID 제도가 도입되었다. 1997년에 BID 설립 방법 조사가 시행되어 2001년에 민간 사업자와 지방공

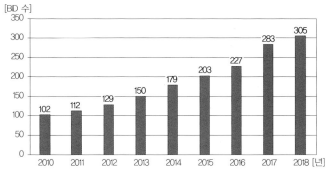

[그림 36] 영국의 BID 추이(2010-18년)(National BID Survey 2018(British BIDs)를 바탕으로 작성)

공단체의 합의로 비즈니스 레이트(사업용 부동산 사용자에 부과하는 종합부동산세)에 가중하는 형태로 BID 부과금을 과세하는 법률 '지방행정법'(제4장 부분)이 신설되었다. 그 후, 2002-05년에 BID 시범사업이 TCM의 전국조직 ATCM^{Association of Town Management}이 주도하여 2004년에 BID의 상세한 규정을 정한 BID 잉글랜드 법이 성립하였다. British BIDs가 정리한 〈National BID Survey 2018〉에 따르면 영국에는 2018년 7월 시점에 305곳(8년 전의 3배)의 BID가 있다 (그림 36 참조).

영국 BID의 특징 중 하나는 BID를 설립하기 위해서는 대상 지역의 사업자에 의한 공식적인 투표 절차가 필요하다는 점이다. 투표자의 과반수의 찬성, 그리고 과세 견적금액의 과반수의 찬성으로 BID가 설립된다. 설립 후에는 활동 재원의 BID 부과금(과세 견적금액의 1~2%)을 사업자(상업 임차인을 포함)가 내는 시스템이다. BID 활동기간은 1기가 최대 5년으로 갱신에는 재투표가 필요하고 설립 시와 같은 조건을 충족해야 한다. 그래서 BID 사업을 지속하기 위해서는 지금까지의 활동 실적을 알기 쉽게 정리한 보고서를 사업자 대상으로 작성하는 것이 BID(단체)의 중요한 업무 중 하나다. 투표자의 과반수 찬성을 얻지 못할 경우라도 재투표가 가능하며 과반 찬성을 얻게 된다면 활동을 재개할 수 있다.

미국 BID의 활동 목적은 주로 청소, 방범을 중시하고 있는 것에 비해 영국 BID는 상업 진흥과 지역의 활기 창출의 이벤트 등, 부과금을 내는 사업자(소매점포 등)의 수익에 연결되는 환경 만들기에 역점을 두고 있다.

영국 전체의 BID 수입 규모와 재원 구성

영국의 BID 305개 단체의 총수입(2018년)은 259.1억 엔이었다. 그중 BID 부과금의 수입은 163.6억 엔(구성비 63%), BID 부과금 외의 수입은 95.5억 엔(구성비 37%)이다. 안정적인 재원으로서 BID 부과금을 바탕으로 조직 강화와 사업영역 확대를 추진하고, 적지만 그 외 수입(BID 부과금의 58% 상당)도 발생하고 있는 것이 영국 BID의 특징이라 할 수 있다.

BID 부과금 외의 수입에는 직접 부가수입(BID 단체의 직접적인 재원이 되는 것)과 간접수입(행정과 민간이 함께 추진하는 사업에 의한 것으로 BID 단체의 직접적인 재원으로 되지 않는 것)이 있다. 직접 부가수입에는 공공사업과 서비스의 대가로서 업무 위탁료, 특정 프로젝트에의 보조금, 기부금, 공공공간을 활용한 광고 사업수입, 실내외 공간 임대수입, 이벤트 협찬금 수입, 방범과 건물관리에 동반한 비품 등의 공동 발주에 의한 수수료 등이 포함되어 있다. 간접수입에는 도로와 하천 등의 공공공간 개선 및 녹화 등, 행정과 민간이 함께 추진하는 관민 연계형 사업도 많다.

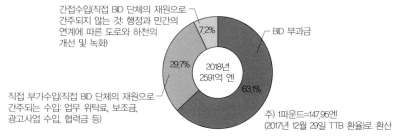

[그림 37] 영국 BID의 수입 구성(2018년, BID 305곳의 합계)(그림 36과 동일)

런던의 BID와 재원

　런던의 민간단체가 작성한 2016년 리포트The Evolution of London's Business Improvement Districts에 따르면 런던 BID는 2005년부터 증가하기 시작하여 2016년에는 50곳의 BID가 활동하게 되었다. BID 부과금 수입(2015년)은 2012년 대비 71%나 증가하여 43.5억 엔(1파운드=174.78 엔 환산)이 되었다. 또, 2014년의 BID 지역 내의 기업 수, 종업원 수, 매출액은 2년 전에 비해 각각 89%, 90%, 394%나 증가하였다고 한다.

　런던 중심시가지에는 2015년 시점에 36곳의 BID가 존재하였고, 그중 연간 100만 파운드(1.75억 엔) 이상의 BID 부과금 수입이 있는 BID는 웨스트민스터구의 BID 4곳과 캠던구의 인미드타운, 서더크구의 배터 뱅크사이드Better Bankside다.

　특히, 웨스트민스터구의 뉴 웨스트 엔드 컴퍼니New West End Company는 런던을 대표하는 상업중심지를 대상으로 하고 있어 BID 부과금(362파운드, 6.3억 엔)뿐만 아니라 직접 부가수입도 다른 곳보다도 큰 것이 특징이다(그림 40). 또한, 직접 부가수입의 내용을 보면,

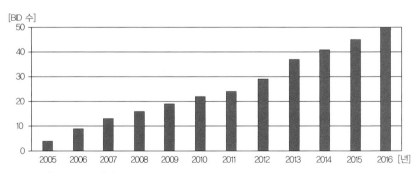

[그림 38] 런던 BID의 추이(Future of London & Rocket Science 'The Evolution of London's Business Improvement Districts'(2016)를 바탕으로 작성)

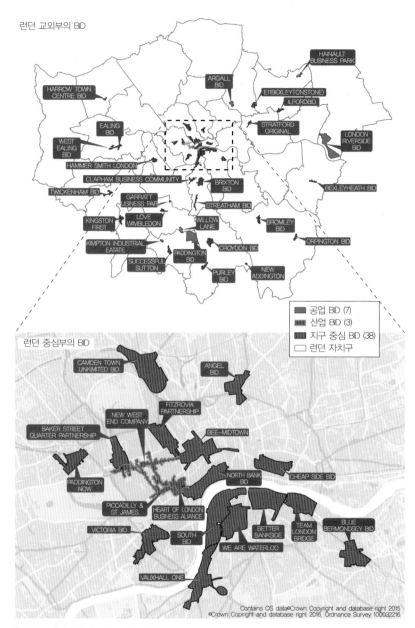

런던 교외부의 BID

HAINAULT BUSINESS PARK

ARGALL BID

HARROW TOWN CENTRE BID

E11BID(LEYTONSTONE)

ILFORDBID

EALING BID

STRATFORD ORIGINAL

WEST EALING BID

LONDON RIVERSIDE BID

HAMMER SMITH LONDON

CLAPHAM BUSINESS COMMUNITY

BRIXTON BID

BEXLEYHEATH BID

TWICKENHAM BID

GARRATT BUSINESS PARK

STREATHAM BID

KINGSTON FIRST

LOVE WIMBLEDON

WILLOW LANE

BROMLEY BID

ORPINGTON BID

KIMPTON INDUSTRIAL EATATE

PADDINGTON BID

CROYDON BID

SUCCESSFUL SUTTON

NEW ADDINGTON

PURLEY BID

공업 BID (7)
산업 BID (3)
지구 중심 BID (38)
런던 자치구

런던 중심부의 BID

CAMDEN TOWN UNKIMITED BID

ANGEL BID

FITZROVIA PARTNERSHIP

NEW WEST END COMPANY

BAKER STREET QUARTER PARTNERSHIP

BEE-MIDTOWN

PADDINGTON NOW

NORTH BANK BID

CHEAP SIDE BID

PICCADILLY & ST JAMES

HEART OF LONDON BUSINESS ALIANCE

BLUE BERMONDSEY BID

VICTORIA BID

SOUTH BID

BETTER BANKSIDE

TEAM LONDON BRIDGE

WE ARE WATERLOO

VAUXHALL ONE

Contains OS data©Crown Copyright and database right 2015
©Crown Copyright and database right 2016, Ordnance Survey 100032216

[그림 39] 런던에 있는 BID 분포(그림 38과 동일)

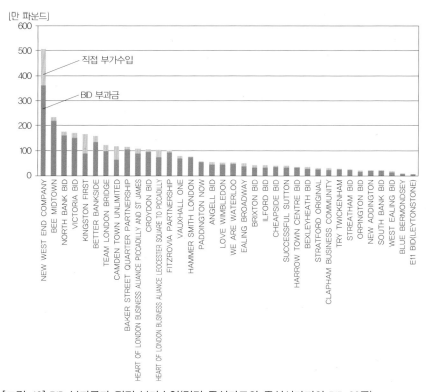

[그림 40] BID 부과금과 직접 부가수입(런던 중심가로와 중심시가지의 BID 36곳)(그림 38과 동일)

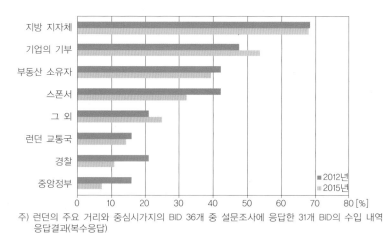

주) 런던의 주요 거리와 중심시가지의 BID 36개 중 설문조사에 응답한 31개 BID의 수입 내역 응답결과(복수응답)

[그림 41] 직접 부가수입의 수입원(그림 38과 동일)

〈표 9〉 런던 중심시가지 BID의 부과금(단체별)

BID 단체명	구 이름	설립연도	BID 부과금	
New West End Company	Westminster	2005	362만 파운드	6,3235억 엔
Inmidtown	Camden	2005	220만 파운드	3,8452억 엔
Victoria BID	Westminster	2010	198만 파운드	3,4655억 엔
Northbank	Westminster	2013	160만 파운드	2,7965억 엔
Better Bankside	Southwark	2005	127만 파운드	2,2258억 엔
Baker Street Quarter Partnership	Westminster	2013	105만 파운드	1,8352억 엔
Team London Bridge	Southwark	2005	97만 파운드	1,7004억 엔
Croydon BID	Croydon	2007	96만 파운드	1,6799억 엔
Fitzrovia Partnership	Camden	2012	93만 파운드	1,6167억 엔
Heart of London Business Alliance PICCADILLY AND ST JAMES	Westminster	2012	89만 파운드	1,5590억 엔
Kingston First	Kingston	2005	88만 파운드	1,5425억 엔
Heart of London Business Alliance Leicester Square and Piccadilly Circus	Westminster	2005	74만 파운드	1,2934억 엔
Hammersmith BID	Hammersmith and Fulham	2006	73만 파운드	1,2742억 엔
Vauxhall One	Lambeth	2012	69만 파운드	1,2052억 엔
Camden Town Unlimited	Camden	2006	67만 파운드	1,1710억 엔
Paddington Now	Westminster	2005	54만 파운드	9371만 엔
South Bank BID	Lambeth	2014	49만 파운드	8527만 엔
We Are Waterloo	Lambeth/Southwark	2011	47만 파운드	8278만 엔
Love Wimbledon	Merton	2012	44만 파운드	7665만 엔
Angel BID	Islington	2007	43만 파운드	7516만 엔
Ealing Broadway	Ealing	2011	41만 파운드	7079만 엔
Cheapside BID	City of London	2015	35만 파운드	6128만 엔
Brixton BID	Lambeth	2013	34만 파운드	5855만 엔
Ilford BID	Redbridge	2009	33만 파운드	5733만 엔
Successful Sutton	Sutton	2012	33만 파운드	5680만 엔
Harrow Town Centre	Harrow	2013	31만 파운드	5417만 엔
Bexleyheath BID	Bexley	2011	27만 파운드	4719만 엔
Try Twickenham	Richmond	2013	26만 파운드	4544만 엔
Stratford Original	Newham	2015	23만 파운드	4055만 엔
Streatham BID	Lambeth	2013	23만 파운드	4020만 엔
Clapham Business Community	Lambeth	2014	22만 파운드	3845만 엔
Orpington BID	Bromley	2013	21만 파운드	3684만 엔
West Ealing BID	Ealing	2014	14만 파운드	2507만 엔
Blue Bermondsey	Southwark	2014	10만 파운드	1783만 엔
E11 BID(Leytonstone)	Waltham Forest	2007	7만 파운드	1171만 엔
New Addington	Croydon	2013	2만 파운드	350만 엔
		36지구 합계	2536만 파운드	44,3265억 엔

주) 런던 중심시가지에 2015년 10월 현재 활동 중인 BID. BID 부과금(엔)은 1파운드=174.78엔(2015년 12월 30일 TTB환율)으로 환산(그림 38과 동일)

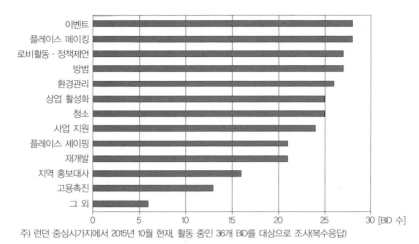

이벤트
플레이스 메이킹
로비활동·정책제언
방범
환경관리
상업 활성화
청소
사업 지원
플레이스 셰이핑
재개발
지역 홍보대사
고용촉진
그 외

0   5   10   15   20   25   30 [BID 수]

주) 런던 중심시가지에서 2015년 10월 현재, 활동 중인 36개 BID를 대상으로 조사(복수응답)

[그림 42] 런던 BID 활동(그림 38과 동일)

2015년 조사에 답한 BID 중 많은 순으로 지방지자체(보조금 등), 기업으로부터의 자발적 기부금, 부동산 소유자로부터의 기부금, 협찬금, 그 외, 런던 교통국(보조금 등), 경찰(보조금), 중앙정부(보조금 등)로부터 수입을 얻고 있다(그림 41).

로비활동이 활발한 런던의 BID

런던에서는 사업자로부터 징수하는 BID 부과금을 사용하여 어떤 활동을 하고 있을까. 런던 BID는 일본 지역 매니지먼트 단체도 많이 실시하고 있는 이벤트와 지역 브랜드 전략, 방범에 더해 로비활동(사적인 정치활동)과 정책 제언, 환경 매니지먼트도 많이 실시하고 있는 것이 특징이다. 런던에 있어서 로비활동이 활발하게 이루어지는 배경에는 앞에서 말한 BID 활동의 계속 여부가 투표를 통해서 이루어진다는 제약 아래 비전과 계획 등을 작성하여 사업자로부터 찬성을 얻는 활동과 지자체 등으로부터 경제적 지원,

인력 지원을 받기 위한 활동을 중시하고 있기 때문이라고 보인다.

캠던구의 BID 중 하나인 캠던 타운 언리미트Camden Town Unlimited의 대표를 맡은 사이먼 피키슬리에 따르면 BID의 인재로는 상기 활동을 시행하여 효과는 높이는 정치활동 등의 경험자가 필요하다고 한다. BID의 계속 여부의 투표를 시행할 때 사업자가 중시하는 점은 BID 단체가 KPIKey Perfomance Indicatior(중요 업적 평가지표)를 달성했는지가 아니라 지역 문제를 해결해 줄 수 있는가를 보기 때문에 BID는 정치가 많은 부분을 차지한다고 해도 과언이 아니라고 한다.

독일의 BID와 재원

독일의 BID는 2001년부터 함부르크시에서 제도화가 논의되어 공공공간의 재정비와 상업 진흥을 목적으로 추진되었던 파일럿 프로젝트를 통해 영국과 같은 시기인 2004년에 제도화되었다.

원래는 함부르크시에 있는 알스터 호수Binnenalster의 연안부 지구에서 지역 자산가 등의 기부를 받아 주州의 사업으로서 호반과 보도 정비를 시행한 것이 시작이다. 이 정비가 지역의 활기를 만들어 시민과 방문자들의 평가가 좋았기 때문에 주변 지구로부터 비슷한 정비를 시행하자는 의견이 많았고, 미국 BID의 성공과 중심시가지 매력 저하 대책의 필요성이 대두되어 제도화로 이어졌다고 한다.

2007년에 연방법의 건설법전에 BID 조항이 추가되어 주州법을 바탕으로 BID가 제도화되었다. 현재 독일에서는 30여 곳의 BID가 존재하고, 많은 BID가 함부르크시에 있다.

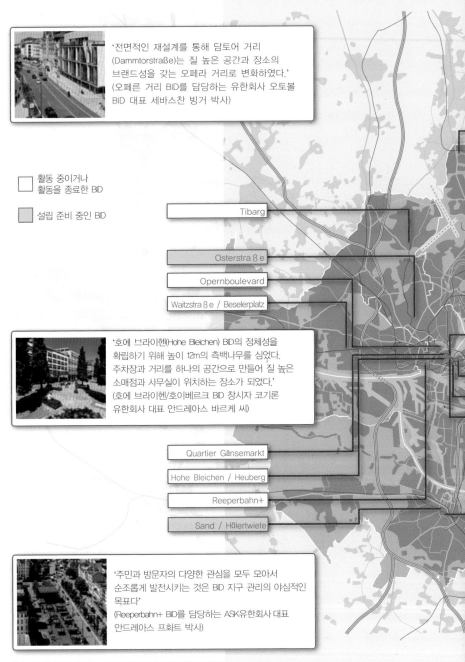

'전면적인 재설계를 통해 담토어 거리 (Dammtorstraße)는 질 높은 공간과 장소의 브랜드성을 갖는 오페라 거리로 변화하였다.' (오페른 거리 BID를 담당하는 유한회사 오토볼 BID 대표 세바스찬 빙거 박사)

☐ 활동 중이거나 활동을 종료한 BID

▨ 설립 준비 중인 BID

Tibarg

Osterstraße

Opernboulevard

Waitzstraße / Beselerplatz

'호에 브라이헨(Hohe Bleichen) BID의 정체성을 확립하기 위해 높이 12m의 측백나무를 심었다. 주차장과 거리를 하나의 공간으로 만들어 질 높은 소매점과 사무실이 위치하는 장소가 되었다.' (호에 브라이헨/호이베르크 BID 창시자 코기론 유한회사 대표 안드레아스 바르케 씨)

Quartier Gänsemarkt

Hohe Bleichen / Heuberg

Reeperbahn+

Sand / Hölertwiete

'주민과 방문자의 다양한 관심을 모두 모아서 순조롭게 발전시키는 것은 BID 지구 관리의 야심적인 목표다' (Reeperbahn+ BID를 담당하는 ASK유한회사 대표 안드레아스 프화트 박사)

Photos: Otto Wulff GmbH, BID Passagenviertel, Ulrich Perrey; graphics: Michael Hollelder

[그림 43] 함부르크시 BID 개요(Handelskammer Hamburg; Freie und Hansestadt Hamburg, Behorde fur Stadi-tentwicklung und Wohnen, Amt fur Landesplanung und Stadtentwwicklung, '10 Jahre Business Improvement Districts in Hamburg'를 바탕으로 작성)

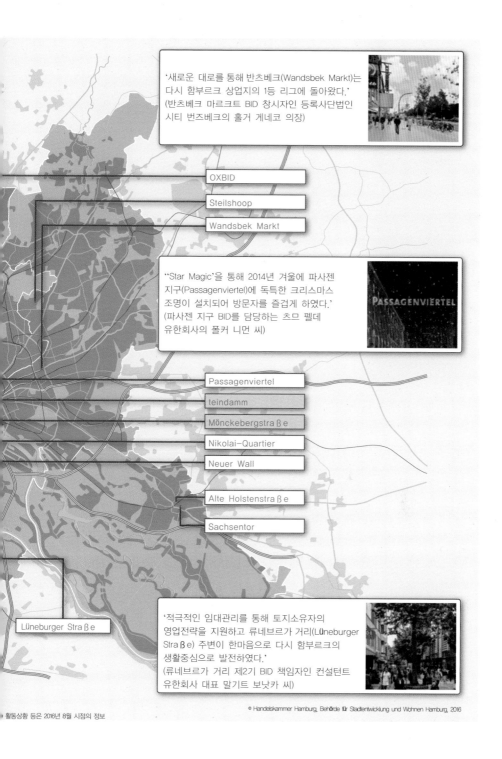

'새로운 대로를 통해 반츠베크(Wandsbek Markt)는 다시 함부르크 상업지의 1등 리그에 돌아왔다.' (반츠베크 마르크트 BID 창시자인 등록사단법인 시티 번즈베크의 홀거 게네코 의장)

OXBID

Steilshoop

Wandsbek Markt

"Star Magic'을 통해 2014년 겨울에 파사젠 지구(Passagenviertel)에 독특한 크리스마스 조명이 설치되어 방문자를 즐겁게 하였다.' (파사젠 지구 BID를 담당하는 츠므 펠데 유한회사의 폴커 니먼 씨)

PASSAGENVIERTEL

Passagenviertel

teindamm

Mönckebergstraße

Nikolai-Quartier

Neuer Wall

Alte Holstenstraße

Sachsentor

Lüneburger Straße

'적극적인 임대관리를 통해 토지소유자의 영업전략을 지원하고 류네브르가 거리(Lüneburger Straße) 주변이 한마음으로 다시 함부르크의 생활중심으로 발전하였다.' (류네브르가 거리 제2기 BID 책임자인 컨설턴트 유한회사 대표 말기트 보낫카 씨)

* 활동상황 등은 2016년 8월 시점의 정보

© Handelskammer Hamburg, Behörde für Stadtentwicklung und Wohnen Hamburg, 2016

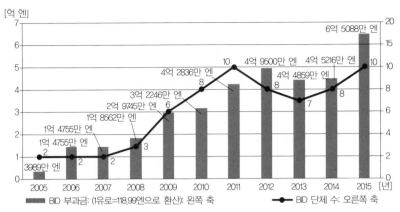

[그림 44] 함부르크시의 BID 단체 수와 부과금(예산) 추이(그림 43과 동일)

〈표 10〉 함부르크 BID의 부과금 등(단체별)

BID 단체명	기간			행정구명	BID 부과금(예산)	
Neuer Wall	1기	2005-10	5년	Hamburg Mitte	600만 유로	7.1346억 엔
	2기	2010-15	5년		318만 유로	3.7888억 엔
	3기	2015-20	5년		402만 유로	4.7825억 엔
Hohe Bleichen / Heuberg	1기	2009-14	5년	Hamburg Mitte	199만 유로	2.3637억 엔
	2기	2015-20	5년		91만 유로	1.0807억 엔
Passagenviertel	1기	2011-16	5년	Hamburg Mitte	506만 유로	6.0173억 엔
	2기	2016-21	5년		340만 유로	4.0498억 엔
Opernboulevard	1기	2011-14	3년	Hamburg Mitte	218만 유로	2.5880억 엔
	2기	2014-17	3년		69만 유로	8212만 엔
Dammtorstraße – Opernboulevard	1기	2018-21	3년	Hamburg Mitte	67만 유로	8004만 엔
Nikolai-Quartier	1기	2014-19	5년	Hamburg Mitte	932만 유로	11.0899억 엔
Quartier Gänsemarkt	1기	2015-19	4년	Hamburg Mitte	412만 유로	4.0050억 엔
Mönckebergstraße	1기	2017-22	5년	Hamburg Mitte	1,030만 유로	12.2601억 엔
Reeperbahn+	1기	2014-19	5년	Hamburg Mitte	191만 유로	2.2721억 엔
OXBID	1기	2010-13	3년	Hamburg-Nord	17만 유로	2054만 엔
Wandsbek Markt	1기	2008-13	5년	Wandsbek	399만 유로	4.7477억 엔
Waitzstraße/Beselerplatz	1기	2015-18	3년	Altona	65만 유로	7711만 엔
Sachsentor	1기	2005-08	3년	Bergedorf	15만 유로	1785만 엔
	2기	2009-14	5년		60만 유로	7139만 엔
	3기	2016-19	3년		43만 유로	5156만 엔

Alte Holstenstraße	1기	2009–12	3년	Bergedorf	33만 유로	3962만 엔
	2기	2014–19	5년		67만 유로	7949만 엔
Tibarg	1기	2010–15	5년	Eimsbüttel	171만 유로	2.0295억 엔
	2기	2016–21	5년		120만 유로	1.4257억 엔
Lüneburger Straße	1기	2009–12	3년	Harburg	55만 유로	6525만 엔
	2기	2013–16	3년		68만 유로	8074만 엔
Sand / Hölertwiete	1기	2016–19	3년	Harburg	85만 유로	1.063억 엔

(함부르크시 홈페이지(http://www.hamburg.de/bid/2019년8월9일 열람)를 바탕으로 작성)

　　함부르크시 제도의 특징은 BID 부과금 부담자가 부동산 소유자이고 부동산 소유자의 15%가 찬성하면 BID가 설립 가능하다는 점, 부동산 소유자가 실제로 사업을 시행하는 위탁관리자Task manager를 선정하여 선정된 위탁관리자가 부과금 교부 단체인 행정(함부르크 주州정부 · 행정구청)과 관리운영 계약을 체결하는 점, 부과금은 부동산 평가액의 최대 10%까지 징수가 가능한 점(기간 5년 부과율은 2%인 경우가 많다), 1기 최대 5년의 기간이 설정된 점을 들 수 있다.

　　함부르크시 BID의 예산 규모는 2005년부터 2016년의 11년간 확대하여 2016년 시점에는 547만 유로(6.6296억 엔, 1유로=121.20엔으로 환산)였다. 함부르크시의 홈페이지에는 각 BID의 예산(BID 부과금 합계)이 게재되어 있다. 함부르크시에서 예산 규모가 가장 큰 멘케베르크 거리는 2017년부터 2022년까지 5년간 예산이 1,030만 유로(12.2601억 엔, 1유로=118.99엔으로 환산), 연간으로 계산하면 206만 유로(2.4520억 엔)다. 또한 BID 설치 준비단계에서는 BID 전문가를 고용하고 있어 이를 위한 자금을 자발적으로 모집하는 부동산 소유자도 있다고 한다.

1-4

지역 매니지먼트 활동에 대한 과세 방법과 과제

　지역 매니지먼트 단체에 대한 과세는 조직 형태와 활동 내용에 따라 달라진다. 활동 전체로서는 공익적인 활동을 하고 있다고 하더라도 일반적으로 수익이 많아지면 그 부분에 대해서 법인세가 부과되기 때문에 많은 지역 매니지먼트 단체가 이를 문제로 지적하고 있다. 인정 NPO 법인의 제도개정으로 다소 개선되었기 때문에 당분간은 그 활용을 기대하고 있다.

조직 형태와 재원, 과세

　지역 매니지먼트 단체는 다양한 조직 형태를 보인다. 활동 재원도 다양하여 행정으로부터의 보조금 · 교부금, 회원으로부터의 회비 · 협찬금 외에 광고수입과 오픈 카페 수입 등 자체 노력을 통해 수익을 높여 재원 확대에 노력하고 있다.

　스스로 노력해서 얻은 자금을 전체 활동비용으로 충당하고 있지만, 전체 수입과 지출은 같거나 적자인 경우도 있다. 하지만 법인세법상은 다음과 같은 방법으로 법인 유형마다 과세 규정이 되어있어 공익적인 활동을 시행하고 있는 단체더라도 세금이 발생하는 경우가 있다.

법인세의 과세 기준

법인세의 과세 규정으로는 먼저 원칙적으로 법인세법상 '내국법인은 법인세를 낼 의무가 있다'라고 되어 있다. 내국법인이란 '공공법인, 공익법인 등, 법인이 아닌 사단, 협동조합, 보통법인 등'을 의미한다. 단, 공익법인 등 또는 법인이 아닌 사단社團에 대해서는 수익사업을 시행할 시에 한정해서 법인세를 낼 의무가 있는 것으로 한다(법인세법 제4조). 즉, 공익법인과 법인이 아닌 사단 등에 해당하더라도 수익사업은 과세 대상이 되는 것이다.

'공익법인 등'이라는 것은 재무성이 작성한 〈표 11〉의 '일반 사단법인, 일반 재단법인' 외의 법인을 의미한다. 일반 사단법인 · 일반 재단법인이라 하더라도 '비영리형'이라면 이에 해당한다.

비영리형 법인과 수익사업

• **'비영리형' 법인**은 일반 사단법인과 일반 재단법인 중 다음의 ① 또는 ②에 해당하는 법인을 의미한다(법인세법 시행령 제3조).
① 비영리성이 강한 법인
  1. 잉여금 분배를 시행하지 않는 것을 정관에 정하고 있을 것
  2. 해산할 시에는 잔여 재산을 정부나 지방공공단체, 공익적인 단체에 증여하는 것을 정관에 정하고 있을 것
  3. 상기 1 및 2의 정관을 위반하는 행위(위의 1, 2 및 아래 4의 요건에 해당하는 기간에 특정 개인 또는 단체에 특별한 이익을

〈표 11〉 법인과 과세 규정

	공익 사단법인 공익 재단법인	학교법인 후생보호법인 사회복지법인	종교법인 독립행정법인 일본적십자사 등	인정 NPO 법인 특별 인정 NPO 법인	비영리의 일반 사단법인 일반 재단법인(주1) NPO 법인	일반 사단법인 일반 재단법인
근거법	공익 사단법인 및 공익 재단법인의 인정 등에 관한 법률	사립학교법 후생 보호 사업법 사회복지법	종교법인법 독립행정 법인 통속법 일본적십자사법 등	특별 비영리활동 촉진법	일반 사단법인 및 일반 재단법인에 관한 법률(법인세법) 특정 비영리활동 촉진법	일반 사단법인 및 일반 재단법인에 관한 법률
과세 대상	수익사업으로부터 발생한 소득만을 과세. 단, 공익목적 사업에 해당할 경우는 비과세	수익사업에서 발생한 소득에 한정해 과세	수익사업에서 발생한 소득에 한정해 과세	수익사업에서 발생한 소득에 한정해 과세	수익사업에서 발생한 소득에 한정해 과세	수익사업에서 발생한 소득에 한정해 과세
인정 기부금(주2) ※손금산입 한도액	있음 ※다음 중 많은 금액 ①소득금액의 50% ②인정 기부금 중 공익목적 사업의 시행에 필요한 금액	있음 ※다음 중 많은 금액 ①소득금액의 50% ②연 200만 엔	있음 ※소득금액의 20%	있음 (특별인정 NPO 법인은 적용 없음) ※다음 중 많은 금액 ①소득금액의 50% ②연 200만 엔	없음	없음
법인세율 (소득이 연 800만 엔까지의 세율)(주3)	23.2% (15%)	19% (15%)	19% (15%)	23.2% (15%)	23.2% (15%)	23.2% (15%)
기부자에 대한 우대(주4)	있음	있음	있음 (종교법인 등은 제외)	있음	–	–

주1) 비영리형의 일반 사단법인·일반 재단법인: ① 비영리성이 강한 법인, ② 공익적 활동을 목적으로 하는 법인
주2) 수익사업에 속한 자산 중에서 수익사업 외의 사업(공익 사단법인 및 공익 재단법인이라면 '공익목적 사업', 인정 NPO 법인이라면 '특정 비영리 활동 사업')을 위해서 지출한 금액에 대해서 기부금으로 간주하여 기부금의 손금산입 한도액의 범위 내에서 손금산입
주3) 2012년 4월 1일부터 2021년 3월 31일 사이에 시작한 각 사업연도에 적용되는 세율
주4) 특정 공익증진법인에 대한 기부금에 대해서는 일반기부금의 손금산입 한도액과는 별도로 특별 손금산입 한도액까지 손금산입
일반기부금의 손금산입 한도액: (자본금의 0.25%+소득금액의 2.5%)×1/4
특별 손금산입 한도액: (자본금의 0.375%+소득금액의 6.25%)×1/2
(재무성 홈페이지 내용을 바탕으로 작성)

주려고 하는 것을 포함)를 하려고 결정하거나 한 적이 없을
것

    4. 각 이사에 대해서 이사와 그 이사의 친족 등에 해당하는
이사의 인원수가 이사 전체 인원수 3분의 1 이하일 것

② 공익적인 활동을 목적으로 하는 법인

    1. 회원 공통의 이익을 도모하는 활동을 하는 것을 목적으로
할 것

    2. 정관 등에 회비에 관해 규정하고 있을 것

    3. 주요 사업으로서 수익사업을 시행하고 있지 않을 것

    4. 정관에 특정 개인 또는 단체에 잉여금을 배부하는 것을 정
하고 있지 않을 것

    5. 해산할 시에 그 잔여 재산을 특정 개인 또는 단체에 귀속
시키는 것을 정관에 정하고 있지 않을 것

    6. 위 1에서 5까지 또는 아래 7의 요건에 해당하던 기간에 있
어서 특정 개인 또는 단체에 특별한 이익을 주려는 것을
결정하거나 준 적이 없을 것

    7. 각 이사에 대해서 이사와 친족 등에 해당하는 이사의 인원
수가 이사 전체 인원수의 3분의 1 이하일 것

· **'수익사업'**은 법인세법 시행령 제5조에 정하고 있는 다음 34
개 사업으로 계속해서 사업장을 마련하여 실시하고 있는 것
을 의미한다.

    1 물품판매업, 2 부동산 판매업, 3 금전대부업, 4 물품대부
업, 5 부동산대부업, 6 제조업, 7 통신업, 8 운송업, 9 창고업,
10 청부업, 11 인쇄업, 12 출판업, 13 사진업, 14 장소임대업,
15 여관업, 16 요리점업과 그 외 음식점업, 17 주선업, 18 대

리업, 19 중개업, 20 도매업, 21 광업, 22 토석채취업, 23 욕장업, 24 이용업, 25 미용업, 26 흥행업, 27 오락업, 28 관람업, 29 의료보건업, 30 기예교수업, 31 주차장업, 32 신용보증업, 33 무체재산권 제공사업, 34 노동자파견업

조직 형태의 선택

지역 매니지먼트 단체의 통상적인 조직 형태는 협의회 등의 '법인이 아닌 사단 등', 사단법인, 재단법인, 특정 비영리활동 법인(NPO 법인), 주식회사 등이 있다. 즉, 지역 매니지먼트 단체가 주식회사나 비영리형이 아닌 일반 사단법인, 일반 재단법인의 조직 형태를 보이게 되면 보통 법인에 해당하여 모든 소득에 대해서 법인세가 부과된다. 공익 사단법인, 공익 재단법인, 비영리형의 일반 사단법인, 비영리형의 일반 재단법인, 특정 비영리활동 법인, 인격이 없는 사단 등, 그중 하나의 조직 형태를 보인다면 수익사업에서 발생하는 소득에만 세금이 부과된다.

어느 쪽이든 현재의 세금 제도에서는 뒤에서 이야기하는 '인정기부금' 제도가 적용되지 않는 한 공익법인과 법인이 아닌 사단 등의 조직 형태를 갖추더라도 수익사업을 시행하게 되면 조직 전체로서 경영이 어려워지더라도 수익사업 부분만을 집중하여 세금이 부과되는 시스템이 되어 있다.

한편, 주식회사와 비영리형이 아닌 일반 사단법인 등의 보통 법인의 조직 형태를 취하여 연도마다 법인 전체의 손익 균형을 맞춰 세금을 억제하는 방법도 있다.

인정 기부금 제도

'인정 기부금 제도'는 동일 법인의 내부에서 수익사업에서 공익 목적 사업(비수익사업)으로 자금을 이동하여 공익목적 사업의 자금 부족을 보조하려고 할 때, 수익사업의 법인세 부과 시 일정한 특례를 주는 것을 의미한다. 자체적으로 얻은 이익을 공익적 활동 경비에 사용할 수 있는 방법이다.

나중에 얘기하는 기부금 우대 조치는 기부자에 대한 우대 조치지만 이것은 법인 내부의 과세 계산상의 특례다. 즉, 법인세법상의 수익사업에 속하는 자산 중에서 수익사업 외의 사업에서 자체적으로 실시하는 공익목적 사업을 위해 지출한 금액에 대해서 그 수익사업에 관한 '기부금'의 금액으로 가정하여 일정액을 손금산입 하는 것을 가능하게 하는 방법이다(법인세 제37조 제5항).

이 제도의 대상은 '공익법인 등' 중에서도 아주 한정된 법인만 해당한다. 지역 매니지먼트 단체의 조직 형태를 생각할 경우, 공익 사단법인, 공익 재단법인, 인정 특정비영리활동 법인(인정 NPO 법인)에 한정된다. 비영리형 일반 사단법인·재단법인은 대상 외로 특정 비영리활동 법인도 승인받지 않는 이상 대상에 해당하지 않는다.

공익 사단법인·재단법인의 경우, 손금산입을 할 수 있는 것은 수익사업의 소득금액의 50% 또는 인정 기부금 중 공익목적 사업 시행을 위해 필요한 금액 중 많은 금액을, 인정 NPO 법인의 경우는 수익사업 소득금액의 50% 또는 200만 엔 중 많은 금액을 상한액으로 정하고 있다.

기부금의 우대 조치

지역 매니지먼트 단체의 재원으로서 개인과 법인으로부터의 기부금은 중요하다. 단체의 조직 형태가 주식회사 등의 보통 법인인 경우는 기부금도 수입으로 인정되어 전체 금액이 법인세 과세 대상이 된다. 조직 형태가 공익법인 등과 법인이 아닌 사단 등의 경우는 기부금에 의한 수입은 수익사업에 사용하지 않는 한 법인세의 과세 대상이 되지 않는다.

기부금을 가능한 한 많이 모아서 단체의 재원을 확보하고 싶으면 기부하는 쪽에 소득공제, 세액공제, 손금산입이라는 세제상의 혜택을 주는 특례가 마련되어 있다. 단, 이 특례를 사용할 수 있는 조직 형태는 한정되어 있다.

개인이 기부할 경우, 상대 단체가 공익 사단법인, 공익 재단법인, 인정 NPO 법인이라면 어느 정도 소득공제 또는 세액공제를 선택할 수 있다(기부금액은 소득금액의 40% 정도가 한도). 세액공제로 보면 소득세, 주민세를 합쳐서 기부액의 최대 50%의 공제를 받을 수 있다.

소득공제: (그 해 중에 지출한 기부금의 합계액)−(2,000엔)=기부금 공제액
세액공제: (그 해 중에 지출한 기부금의 합계액−2,000엔)×40%=기부금 특별공제액

　　　　　　　(특별공제는 소득세의 25%가 한도)

법인이 기부할 경우, 재무성이 작성한 〈표 12〉처럼 상대 단체가 공익 사단법인, 공익 재단법인, 인정 특정 비영리활동 법인이라면

〈표 12〉 법인세에 관한 기부세 제도의 개요

기부금 구분	[정부 · 지방 공공단체]	[지정기부금]	[특정 공익증진 법인]	[인정 특정 비영리활동 법인 등]	일반기부금
	에 대한 기부금 〈예〉 • 공립고교 • 공립도서관 등	공익을 목적으로 하는 사업을 시행하는 법인 등에 대한 기부금으로 공익 증진에 이바지하여 긴급하게 필요한 특정 사업에 사용하는 것 〈예〉 • 국보 수리 • 올림픽 개최 • 공동모금 • 사립고교의 교육 연구 등 • 국립대학법인의 교육 연구 등 등	에 대한 기부금으로 법인의 주요 목적인 업무에 관련한 것 [특정 공익증진 법인] –독립행정법인 –지방 독립행정 법인의 일부 –일본적십자사 등 –공익사단 · 재 단법인 –학교법인 등 –사회복지법인 –후생보호법인	에 대한 기부금으로서 특정 비영리활동에 관한 사업에 관련한 것	
기부자 취급	전액 손금산입(주1)	전액 손금산입	이하를 한도로 손금산입 (자본금의 0.375%+소득금액의 6.25%)×1/2(주2)		이하를 한도로 손금산입 (자본금의 0.25% +소득금액의 2.5%)×1/4

주1) 비인정 지방공공단체의 마을 · 사람 · 일 창생 기부 활용사업에 관련한 기부금에 대해서는 전액 손금산입에 더해 (기부금×20%–주민세로부터의 공제액)과 기부금×10% 중 적은 금액의 세액공제(법인 세액의 5%를 한도)가 가능하다.
주2) 특정 공익증진법인 및 인정 특정 비영리활동 법인 등에 대해서 법인이 지출한 기부금 중 손금산입 되지 않는 부분에 대해서는 일반기부금과 합쳐서 (자본금의 0.25%+소득금액의 2.5%)×1/4을 한도로 손금산입 된다.
(표 11과 동일)

통상적인 경우보다 크게 손금산입을 인정받는다.

지역 매니지먼트 단체의 재원으로서 기부제도를 활용할 경우, 세제의 특례를 받을 수 있는 조직 형태는 매우 한정되는 환경이지만 그래도 NPO 법인으로의 기부를 더 유도하기 위해 2011년에 특정 비영리활동 촉진법 개정을 통해 인정 NPO 법인의 조건이 완화되어 인정 NPO 법인을 세액공제 대상으로 하는 등의 조치가 취해졌다는 점은 크게 개선되었다고 볼 수 있다. 당분간 인정 NPO 법인의 선택도 유효한 선택지로 볼 수 있다.

인정 NPO 법인의 세제상 우대 조치

인정 특정 비영리활동 법인 제도(인정 NPO 법인제도)는 특정 비영리활동 법인(NPO 법인)으로의 기부를 촉진하여 NPO 법인의 활동을 지원하기 위해 세제상의 우대 조치를 마련한 제도다. 먼저 NPO 법인을 설립하기 위해서는 담당 행정(도도부현 지사 또는 지정도시의 장)으로부터 설립 '인증'을 받는 것이 필요하고 그 후 '인정'을 받게 된다.

인정 NPO 법인제도 신설 시에는 국세청장이 인정을 승인하는 방식이었지만 2011년 법 개정을 통해 2012년 4월 1일부터 담당 행정이 인정을 승인하는 새로운 인정제도로 바뀌었다. 또한 동시에 스타트업 지원을 위해 설립 후 5년 이내의 NPO 법인을 대상으로 하는 가인정 NPO 법인제도도 도입하였고, 2016년 법 개정을 통해 '가인정 NPO 법인'은 '특례 인정 NPO 법인'이라는 이름으로 바뀌었다.

인정 NPO 법인이 되기 위한 기준은 다음과 같다.
1. 퍼블릭 서포트 테스트[PST]에 적합할 것(특례 인정은 제외)
2. 사업 활동에 있어서 공익적 활동이 차지하는 비율이 50% 미

만일 것

3. 운영조직 및 경리가 적절할 것

4. 사업 활동 내용이 적절할 것

5. 정보공개를 적절히 시행할 것

6. 사업보고서 등을 담당 행정에 제출하고 있을 것

7. 법령위반, 부정행위, 공익에 반하는 사실이 없을 것

8. 설립일로부터 1년을 넘는 기간이 지났을 것

위의 기준을 충족하더라도 어느 정도의 결격사유가 있는 경우 인정·특례 인정을 받지 못한다.

퍼블릭 서포트 테스트는 시민으로부터 지원을 받고 있는지를 판단하기 위한 기준으로 인정기준의 포인트가 되는 기준이다. PST 판정에 있어서 '상대값 기준', '절대값 기준', '조례 개별 지정' 중에 하나의 기준을 선택할 수 있다.

또한, 설립 초기의 NPO 법인에는 재정 기반이 빈약한 법인이 많다는 이유로 스타트업 지원으로서 특례 인정 NPO 법인제도에서는 PST에 관한 기준을 면제하고 있다.

PST의 각 기준 등에 대해서는 〈표 13〉처럼 되어 있다. PST의 기준 중 조례에 따른 개별 지정은 다수의 기부자를 모집하지 않아도 지자체가 인정에 걸맞다고 판단하여 조례로 지정하는 것으로 인정 NPO 법인이 되는 것을 가능하게 하는 제도다. 그 지정 수는 2018년 6월 말에 67단체(예: 요코하마시의 '고가네초 지역 매니지먼트 센터')로 실적은 아직 적지만 지방공공단체가 지역의 가치를 높이는 지역 매니지먼트 단체에 대한 지원의 하나로 그 활용을 도모해야 한다고 생각한다.

〈표 13〉 퍼블릭 서포트 테스트의 각각의 기준 등에 대해서

상대값 기준	실적 판정 기간에 있어서 경상수입 금액 중에 기부금 수입 금액이 차지하는 비율이 5분의 1 이상일 것을 요구하는 기준
절댓값 기준	실적 판정 기간 내의 각 사업연도 중의 기부금의 총액이 3,000엔 이상인 기부자 수가 연평균 100명 이상이 되는 것을 요구하는 기준
조례 개별 지정	인정 NPO 법인으로써 인정신청서 제출일까지 사무소가 있는 도도부현 또는 시구정촌의 조례에 따라 개인 주민세의 기부금 세액공제 대상이 되는 법인으로서 개별 지정을 받는 것을 요구하는 기준. 단, 인정신청서 제출 전일까지 조례 효력이 살아 있을 필요가 있다.

(내각부 홈페이지를 바탕으로 작성)

또한, 인정 NPO 법인의 전체 수는 2011년 3월 말에 198단체였던 것이 2019년 5월 말에는 1107개 단체가 되었다.

제 **2** 장

지역 매니지먼트 활동의 효과를
어떻게 전달할 것인가?

지역재생 지역 매니지먼트 부담금제도(이하, 지역 매니지먼트 부담금제도)는 지역 매니지먼트 활동에 수반되는 필요한 자금을 지역의 이해관계자로부터 조달하는 시스템으로, 예를 들어 반대자가 있더라도 이를 포함하여 지역 내의 이해관계자 전원으로부터 재원을 조달하는 제도다. 이러한 제도의 운용을 위해서는 지역 매니지먼트 활동의 효과를 평가하는 시스템이 필요하다.

많이 사용되고 있는 평가 시스템으로는 PDCA 사이클이 있다. 즉, 'PLAN, DO, CHECK, ACTION'이라는 일련의 과정으로 통해 지역 매니지먼트 활동의 성과를 확인하여, 이를 지역의 이해관계자에게 연차보고의 형태로 제시하고, 다음 연도의 활동으로 연결해 나가는 것을 의미한다.

해외의 BID 단체는 이해관계자가 이해하기 쉽고 정확한 내용의 연차보고서 등을 작성하여 지역 매니지먼트 활동의 성과를 이해당사자에게 확인받고, 다음 연도 이후의 활동으로 연결하고 있다. 이에 본 장에서는 미국과 영국의 BID 단체의 보고서를 소개한다.

반면, 지역 매니지먼트 부담금제도는 지역 매니지먼트 활동의 성과를 원칙상 지가 상승 또는 매상 증가 등으로 상정하고 있어, 수량적인 확인을 필요로 하고 있다. 그러나 지역 매니지먼트 활동이 가져오는 지역에 대한 기여는 지가 상승 또는 매상 증가만이 아니라, 아래와 같은 다양한 시점을 바탕으로 평가할 필요가 있고, 제도운용상으로도 다양한 평가 시스템을 고려할 필요가 있다고 판단된다.

지역 매니지먼트 부담금제도에서는 가이드라인을 작성하여 지역 매니지먼트 활동과 경제효과의 관계성을 제시하고 있다. 이에 지역 매니지먼트 활동을 이벤트형, 공공공간 정비운영형, 정보발신형, 경제활동기반 강화형, 새로운 공공 서비스형의 5가지 활동으로 분류하고, 이벤트형, 공공공간 정비운영형 활동은 지역에 직접적으로 방문자 등의 증가를 가져오고, 정보발신형, 경제활동기반 강화형의 활동은 간접적인 방문자 등의 증가와 방문자의 만족도 향상으로 이어지도록 하고 있다. 또한, 새로운 공공 서비스형 활동은 방문자의 편의증진으로 이어지도록 하고 있다.

본 장에서는 상기의 제도운용에서 제시되고 있는 이외의 지역 매니지먼트 활동이 가져오는 효과로서 3가지를 제시하고 있다.

첫째는 지역의 많은 이해관계자가 가이드라인 등에 의해 마을만들기의 생각과 방향을 하나로 모으는 것이 가져오는 지역가치의 증가를 들 수 있다. 구체적으로는 경관의 통일을 위한 광고규제와 광고사업의 일체적 매니지먼트에 의한 지역가치의 증가가 있다.

둘째는 지역의 많은 이해관계자가 신뢰가 있는 관계성(지역 매니지먼트 조직결성 등)을 이어가는 것에 의해 실현되는 구체적인 이익으로, 주차장의 공동 이용을 통한 건축기준법에 따른 개별 건축물당 부설의무 주차장대수의 저감 등이 이에 속한다.

셋째는 지역 조직에 일정 이익을 가져오는 것이 있다. 구체적으로는 지역의 소비전력의 계약을 일체화함으로써 전력회사와의 계약상 우의에 서서 비용을 저감하는 등이 있다.

또한, 지역 매니지먼트 활동의 효과를 측정하는 방법도 다양하고, 연구 또는 수법개발이 진행되고 있다. 그 가운데 헤도닉 분석법, 가상가치평가법, 컨조인트 분석법 등의 몇 가지는 실제로 지역 매니지먼트 효과측정에 사용되고 있어 소개한다,

2-1

기대되는 효과

지역 매니지먼트 활동의 효과로 생각할 수 있는 지표에는 경기변동과 사업자의 자조노력에 의한 것도 포함되기 때문에 지역 매니지먼트 활동에 의한 것만을 정확히 측정하기는 어렵다. 지역 매니지먼트 단체가 계속적으로 활동하는 데에는 이해당사자에게 그 효과를 전달하여 납득시킬 필요가 있다. 활동을 계속 유지하는 데 반드시 필요한 효과를 전달하기 전에 활동효과의 측면에 대해서 서술한다.

지역 매니지먼트 활동 효과의 3가지 측면

지역 매니지먼트 활동에 기대되는 효과는 다양한데, 이 장에서는 효과를 지역 매니지먼트의 3가지 측면인 '호수성', '공공성'과 '지역가치 증가성'으로 나누어 정리한다.

'호수성互酬性'이란 지역 매니지먼트 활동에 있어서 이해당사자(활동자금의 부담자와 행정 등)가 활동으로 생긴 보수(이익)를 서로 주고받는 것을 말한다. 이것은 내향적 성질로서 부담을 줄이면서 이익을 받는 무임승차자를 최대한 줄이는 해외 BID의 기본적인 이념을 바탕으로 하고 있다.

'공공성'이란 이해당사자 이외에도 활동의 이익이 미치는 외향적인 성질이다. 여기에 민간의 지역 매니지먼트 단체가 행정을 대신(공적인 활동을 실시하는 단체로 인정되어)하거나 행정의 위탁을 받아 지역 매니지먼트 활동을 실시하는 의의(공공공헌)를 찾아내는 것도 가능하다. 이것은 '호수성'과 달리 어느 정도의 무임승차자는 허용할 수밖에 없다고 판단된다.

'지역가치 증가성'은 이해당사자가 지역 매니지먼트 활동에 의해 받는 이익에 근간이 되는 매상과 지가(종합부동산세) 등이 증가되는 것을 말한다.

지역 매니지먼트 활동의 효과란 자신들이 사는 지역, 일하는 지역을 보다 안전하고 쾌적하며 즐거운 공간으로 만들고자 하는 생각에서 출발하여, 이해관계자가 특정 지역에서 상호 연계·협력하면서 활동함으로써 직접적 또는 간접적으로 받는 서로 간의 혜택이라고 생각된다.

일련의 흐름을 상기의 3가지 측면으로 정리하면, 첫째는 마을에 대한 비전과 미래상을 지역 매니지먼트 활동을 통해 실현한 결과, 지역이 좋아지고 이해당사자와 활동을 추진하는 지역 매니지먼트 단체의 관계자 전원이 그 혜택을 입는다는 의미로 '호수성'의 효과가 발생한다. 한편, 활동의 효과가 지역을 벗어나거나 지역을 방문하는 사람에게도 미치기 때문에 '공공성'의 측면도 있다. 이 경우, 혜택의 크고 작음이 발생하며, 자금 부담자 이외에도 무임승차자가 발생한다. 이 2가지 효과는 주로 효과가 미치는 범위의 크기에 의해 구분 가능하다.

더욱이 지역 매니지먼트 활동의 효과로 지역이 좋아지고 이해당사자가 혜택을 받는 것과 더불어, 지역의 가치와 종합부동산세가 상승하거나 지역에의 만족도나 기대치의 상승, 지자체의 세수 증가로 이어진다는 의미에서 '지역가치 증가성' 측면이 있는 것에 유의해야 한다.

3가지 측면과 지역재생 지역 매니지먼트 부담금제도

1-2절에서 서술한 바와 같이 일본에서는 해외의 BID 제도 등을 참고로 지역 매니지먼트 활동의 재원 확보에 관한 국가 차원의 제도가 창설되었다. 2018년 6월에 지역 매니지먼트 부담금제도가 창설된 다음해 3월에 본 제도의 활용 방침이 기재된 가이드라인이 책정되었다.

지역 매니지먼트 부담금제도는 시정촌(도쿄 특별구를 포함)이 지역 매니지먼트 활동(의 전부 또는 일부)에 필요한 자금(부담금)을 이를 통해 이익을 얻는 사업자(이하, 수익사업자)에게서 강제로 징수하고 지역 매니지먼트 단체에 교부하는 시스템이다. 앞서 지역 매니지먼트 부담금제도의 특징과 과제를 설명한 지역 매니지먼트(활동의 효과)의 3가지 측면에 비추어 정리하면 아래와 같다.

시정촌은 지역 매니지먼트 활동에 의해 받을 것으로 예상되는 이익, 즉 지역 매니지먼트 활동에 기대하는 효과를 한도로 부담금을 징수할 수 있도록 되어 있는데, 본 제도를 활용하는 지역 매니지먼트 단체가 이 효과를 어떤 기준으로 산출하는가가 지역 매니지먼트 부담금제도의 과제 중 하나라고 말할 수 있다. 지역 매니지먼트 부담금제도의 활용에는 앞에서 언급한 '지역가치 증가성'의 정량적인 파악이 활동계획의 책정 단계에서 요구되는 동시에 이런 활동계획의 인정 등에는 시구 단위의 의회 의결이 필요하다. 따라서 본 제도는 관민연계의 이상적인 시스템이지만 지역 매니지먼트 단체와 행정에게는 완성해나가기 쉽지 않은 시스템이라고도 말할 수 있다.

가이드라인에는 예상 이익(효과)의 산정방법이 예시되어 있다. 예를 들어 이벤트 실시와 오픈 카페 설치 등 방문자를 증가시킬 활동에 의한 효과에 대해서는 방문자의 증가량과 설문조사를 통해 파악한 방문자 1인당 구매예산 등을 참고해 매상(증가량)을 추계할 수 있도록 하였다. 또한, 정보발신, 방재, 경비, 청소 등 방문자의 편의증진에 기여하는 활동에 대해서는 각 활동에의 지불의사액Willingness to Pay: WTP 등을 묻는 설문조사를 실시해 시장에 거래되지 않는 재원의 가치를 추계할 수 있게 하였다. 이들의 추계결과를 바탕으로 부담금을 산출하여 수익사업자의 합의를 얻어 부담금을 징수하는 흐름이다.

또한, 지역 매니지먼트 부담금제도는 무임승차자의 배제를 목적으로 한 '호수성'의 사상을 바탕으로 만들어진 제도라고 말할 수 있다. 앞서 언급한 '공공성'의 효과, 즉 주변으로의 파급효과 등을 고려하면 본 제도를 활용하더라고 무임승차자를 완전히 배재하는 것은 불가능하다거나 다른 것과 비교해 지역 매니지먼트 활동의 이익을 얻지 못한 사업자가 분명 존재할 가능성이 있다는 점에서 지역 매니지먼트 단체가 지역과 수익사업자를 선정하거나 이익(효과)과 부담금을 산정할 때 실태에 맞춰 유연하게 대응할 필요가 있다고 판단된다.

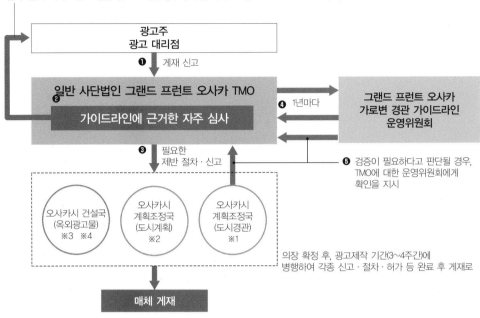

광고의 게재내용, 비주얼 디자인 등에 관하여
심사기준의 저촉 또는 조정을 필요로 하는 경우에 수정 지시 · 조정

광고주
광고 대리점

❶ 게재 신고

일반 사단법인 그랜드 프런트 오사카 TMO
❷
가이드라인에 근거한 자주 심사

❹ 1년마다

그랜드 프런트 오사카
가로변 경관 가이드라인
운영위원회

❸ 필요한
제반 절차 · 신고

❺ 검증이 필요하다고 판단될 경우,
TMO에 대한 운영위원회에게
확인을 지시

오사카시 건설국
(옥외광고물)
※3 ※4

오사카시
계획조정국
(도시계획)
※2

오사카시
계획조정국
(도시경관)
※1

의장 확정 후, 광고제작 기간(3~4주간)에
병행하여 각종 신고 · 절차 · 허가 등 완료 후 게재로

매체 게재

※1) TMO가 관할하는 매체에 관하여 사분기마다 사후 보고가 필요하다.

※2) 지구계획구역 내 행위의 신고가 필요한 이하의 매체에 대해서 절차가 필요하다.
    대상매체: 벽면의 자사명 사인 · 상표사인, 시가시 거리 배너, 수퍼 시트

※3) 오사카시 옥외광고물 조례 대산이 되는 아래의 매체의 필요한 신고 절차가 필요하다.
    대상매체: 벽면의 자사명 사인 · 상표사인, 히가시 거리 배너, 보도 배너 · 포스터 보드, 지역 순회버스의 래핑 광고

※4) 보도의 배너 · 포스터 보드, 남관 · 북관 사이 데크 배너의 광고 매체는 시의 옥외광고물 조례에 근거한 '지역에 있어서
    공공적인 활동비용에 충당하는 광고물'로서 자리매김되어 이에 필요한 절차가 필요하다.

【가로변 경관 가이드라인에 있어서 광고매체 등 심사의 틀과 신고의 흐름】

[그림 1] 광고 규제에 의한 효과의 예(그랜드 프런트 오사카 지구)

(〈그랜드 프런트 오사카 가로변 경관 가이드라인〉(2022년 3월 30일 현재: 그랜드 프런트 오사카 TMO))

■ 대상이 되는 경관 구성요소
　다기능 조명 기둥 · 배너광고 · 포스터 보드

■ 경관 배려 사항

• 보행공간에 제반 설비가 번잡하게 배치
　되지 않도록 보도 조명기둥을 다기능화·
　일체화시켜 쾌적한 보행공간을 확보한다.
• 보도 조명기둥은 높은 질의 도시공간에
　상응하도록 통일감 있고, 선진적인 디자
　인으로 한다.
• 번화하고, 질 높은 활기를 연출하도록
　조명 기둥에 배너와 포스터 보드를 일체
　화하여 설치한다.
• 지역 전체에 통일감을 만들어, 연도공간의 연속성을 연출하도록 배너 광고를 게재하는 배치를
　배려한다.
• 광고의 의장 디자인과 게재 내용은 본 가이드라인의 광고 매체 등 심사기준을 엄중히 지키고,
　소정의 신고와 절치를 진행하도록 한다.
• 광고의 수입은 마치즈쿠리에 환원된다는 것을 조명기둥에 표기하여, 방문자들이 알 수 있도록
　한다.

【그랜 프론트 오사카 지구의 가로변 경관가이드라인의 대상과 경관배려 사항】

【배너 광고 등의 설치 모습】(제공 : 그랜드 프런트 오사카 TMO)

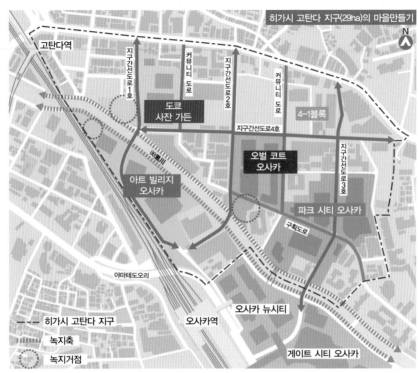

【히가시고탄다 지구의 개발】

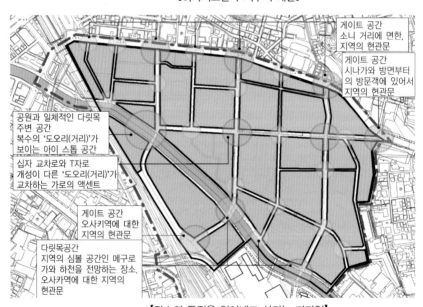

【장소의 특징을 읽어내고 살리는 디자인】

[그림 2] 경관 통일에 의한 효과의 예(히가시고탄다 지구)

(오카시역 주변 지역운영협의회 〈히가시고탄다 지구 경관형성 가이드라인〉(작성: 히가시고탄다 지구 지역만들기 협의회
2005년 3월 ※2014년 7월에 오사키역 주변 지역운영협의회로 통합)에 의해 작성)

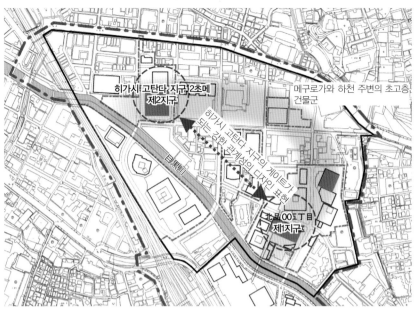

히가시 고탄다 지구 2초메
제2지구

메구로가와 하천 주변의 초고층
건물군

히가시 고탄다 지구의 게이트가
되는 강한 관계성의 디자인 표현

目黑川

北品○○5丁目
제1지구

서측에서 본 경관

전철 야마노테선에서 본 경관

【랜드마크에 되는 초고층 건물군에 의해 유연하게 둘러싸는 디자인】

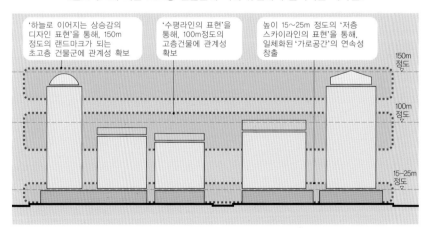

'하늘로 이어지는 상승감의
디자인 표현'을 통해, 150m
정도의 랜드마크가 되는
초고층 건물군에 관계성 확보

'수평라인의 표현'을
통해, 100m정도의
고층건물에 관계성
확보

높이 15~25m 정도의 '저층
스카이라인의 표현'을 통해,
일체화된 '가로공간'의 연속성
창출

150m
정도

100m
정도

15-25m
정도

【원경 · 중경 · 근경을 고려한 스카이라인의 디자인】

지역 매니지먼트 활동에 기대하는 다양한 효과

지역 매니지먼트 활동이 가져오는 효과에는 지역 매니지먼트 부담금제도의 가이드라인에서 제시되는 것 이외에도 다양한데, 크게 3가지 효과로 나눌 수 있다.

지역의 많은 이해관계자가 하나가 되는 것이 가져오는 지역가치의 증가

첫번째 효과는 경관통일과 광고규제, 녹지가 풍부한 보행자공간망에 의한 효과 등 지역의 많은 이해관계자가 하나가 되는 것이 불러올 지역가치의 증가다.

광고규제의 예로는 그랜드 프런트 오사카 지구가 있다. 여기에서는 가로변 경관 가이드라인이 책정되어 법령에 근거한 지자체의 심사와 연계해 자주심사가 실시되고 있다. 광고를 경관의 중요한 요소 중 하나로 여기고 지구 내에 깃발과 벽면광고 등의 매체를 배치하여 지역가치의 유지·향상을 도모하고 있다.

경관통일의 예로는 히가시고탄다 지구가 있다. 면적이 약 29㏊인 이 지구는 대규모 재개발이 진행되어온 곳으로, 현재는 지역 매니지먼트 단체가 작성한 가이드라인에 근거하여 자주적인 경관형성이 실시되고 있다. 재개발에 의해 업무, 주택, 복합시설이 만들어져 건물의 높이와 색채, 파사드 등의 규정이 지역에 도입되어 지역가치의 유지와 향상을 도모하고 있다.

녹지가 풍부한 보행자 공간망의 예로는 오사카 선바우오노타나스지 지구가 있다. 이곳은 약80년 전에 고도이용과 보행자 공간,

경관확보를 목적으로 선바 지구 건축선이 지정되었다. 이를 근거로 건물의 신축과 재건축 시 중심선에서 벽면을 5-6m 후퇴해야 한다. 이 지구에서는 1980년대 중반부터 인접 지주들이 연계해 건축선으로부터 벽면 후퇴를 적극 받아들였다. 종합설계제도 등을 활용하면서 폭 6m의 보도 위 공지가 정비되어 녹지가 풍부하고 쾌적한 보행자 공간망이 만들어져 지역가치의 유지 · 향상으로 이어지고 있다.

지역의 여러 이해관계자들 간 신뢰의 관계성에 의해 실현되는 구체적인 이익

두 번째 효과는 주차장의 공동이용에 의한 부설의무 주차대수의 저감 이익이 대표적인데, 지역의 여러 이해관계자가 신뢰를 바탕으로 한 관계성을 연결함으로써 실현되는 구체적인 이익이다. 사례로 요코하마시의 지역 특성에 맞춘 주차장 정비규정이 있다. 역 주변을 대규모로 복합개발을 할 때 획일적으로 정해진 단위에 의한 주차장 규모를 산정하지 않고, 한 지역의 규정에 근거해 지역 고유의 특성에 맞춘 주차장을 정비 · 운영하고 있다. 이 규정을 요코하마역 주변에 적용해 상업용과 업무용 주차장을 공동 이용함으로써 주차장 필요대수가 저감되고 있다. 또한 신규로 필요한 주차장을 모든 개발지에 갖추지 않고, 방면 별 수요에 따라 떨어져 있는 주변 주차장을 활용할 수 있는 시스템도 마련하고 있다.

빈 주차장을 융통성 있게 활용해나가는 것이 삭감의 열쇠가 된다. 지하의 자주식 주차장의 정비비용이 1대당 수천만 엔이 드는데, 수익의 10%라도 부담금으로 징수된다면 수백만 엔이 지역 매

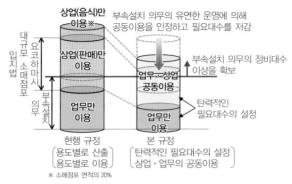

【상업용과 업무용 주차장의 공동이용】

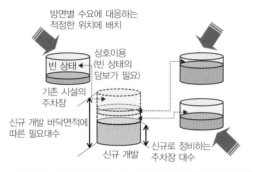

【주변의 주차장과의 연계에 의한 빈 주차장의 유효활용】

[그림 3] 부속설치 의무 주차장대수의 저감에 의한 효과의 예(요코하마시)

(요코하마시 홈페이지 〈에키사이트 요코하마 22 주차장 정비룰 운영 매뉴얼〉)(https://www.city.yoko-hama.lg.jp/kurashi/machizukuri-kankyo/toshiseibi/toshin/excite22/unyo/parkingrule.html)

니지먼트 활동재원으로 충당될 가능성이 열리게 된다.

지역의 여러 이해관계자가 신뢰하는 관계성의 연결을 통해 각 이해관계자의 비용절감과 지역의 조직이 가져오는 일정의 이익

세 번째 효과는 지역의 여러 이해관계자가 신뢰하는 관계성을 구축·연결함으로써 각 이해관계자의 비용이 절감되어 지역 조직이 얻을 일정 이익의 창출이다.

지역 내 각 사업자가 방재, 청소, 방범 등의 업무와 열공급 시스템 등의 정비를 개별 업자와 계약하여 설치하는 것보다 지역 매니지먼트 단체가 한데 정리하여 정비업자에 일괄 발주하는 것이 지역 매니지먼트 활동에 의한 비용절감효과를 기대할 수 있다는 것이 기본개념이다. 또한, 비용 절감만이 아닌, 수준 높은 시스템을 지역에 도입하여 지역 전체 차원에서 관리함으로써 개개의 수고를 덜고 관리 수준도 일정하게 유지하는 공급처리계의 시스템을 갖춰 일원적으로 관리한다면 비상시에도 한층 빠르게 대응할 수 있는 장점이 있다.

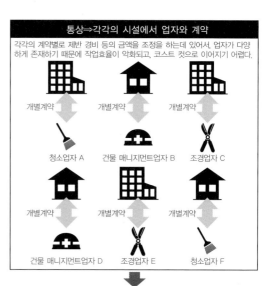

[그림 4] 지역으로서의 스케일 메리트를 활용한 비용 삭감효과(이미지)

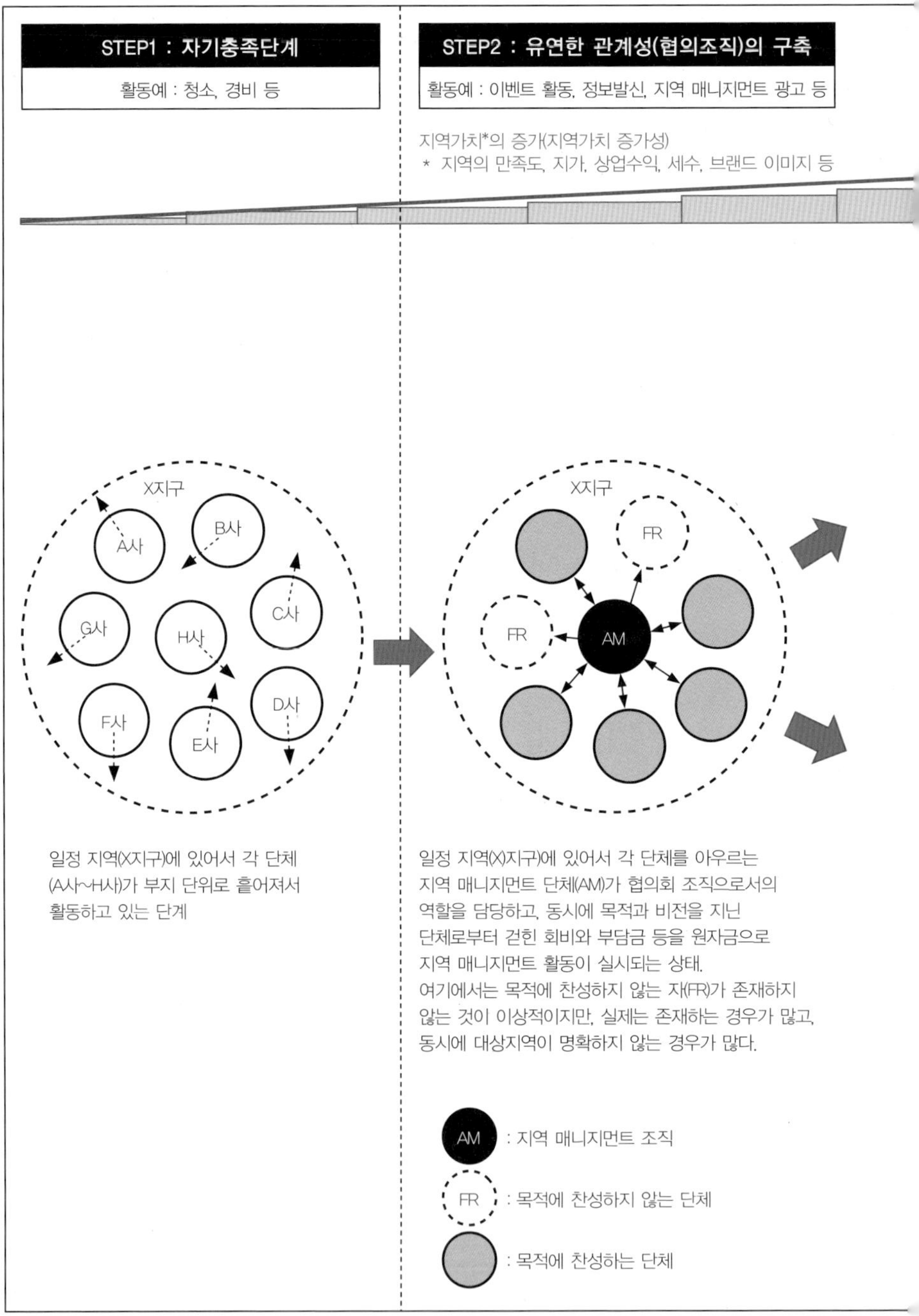

STEP1 : 자기충족단계	STEP2 : 유연한 관계성(협의조직)의 구축
활동예 : 청소, 경비 등	활동예 : 이벤트 활동, 정보발신, 지역 매니지먼트 광고 등

지역가치*의 증가(지역가치 증가성)
* 지역의 만족도, 지가, 상업수익, 세수, 브랜드 이미지 등

X지구

일정 지역(X지구)에 있어서 각 단체
(A사~H사)가 부지 단위로 흩어져서
활동하고 있는 단계

X지구

일정 지역(X)지구)에 있어서 각 단체를 아우르는
지역 매니지먼트 단체(AM)가 협의회 조직으로서의
역할을 담당하고, 동시에 목적과 비전을 지닌
단체로부터 걷힌 회비와 부담금 등을 원자금으로
지역 매니지먼트 활동이 실시되는 상태.
여기에서는 목적에 찬성하지 않는 자(FR)가 존재하지
않는 것이 이상적이지만, 실제는 존재하는 경우가 많고,
동시에 대상지역이 명확하지 않는 경우가 많다.

AM : 지역 매니지먼트 조직

FR : 목적에 찬성하지 않는 단체

: 목적에 찬성하는 단체

[그림 5] 지역 매니지먼트의 3가지 측면과 효과의 흐름(이미지)

STEP3 : 강한 연계에 의한 호수성의 실현	STEP4 : 공공성의 실현
활동예 : 이벤트 활동, 정보발신, 지역 매니지먼트 광고 등	활동예 : 경관형성, 방재, 환경·에너지, 교통 등

① 목적에 찬성하는지를 묻지 않고 모든 관계자를
   대상으로 지역 설정

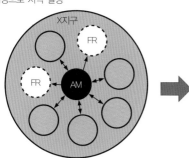

② 장례 찬성을 얻는 것을 전제로 목적에 찬성하지
   않는 재(일부)도 포함하여 지역을 설정

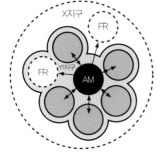

③ 목적에 찬성하는 자만을 대상으로 지역 설정

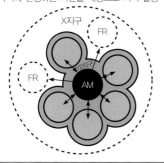

STEP3 ①의 발전예

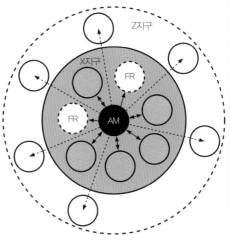

지역 매니지먼트 단체의 활동내용이 확대되는 것에 의해
지역 매니지먼트 활동이 주변부에도 파급되어 지역 매니지
먼트 활동의 효과가 지역을 넘어 광범위하게 걸쳐 공공성이
실현된 상태.
목적에 찬성하지 않는 재(FR)의 일정한 존재는 활동 범위의
확대 또는 주변 단체와의 연계의 과도기로서 허용하는 것이
바람직하다.

일정 지역(X지구)에 있어서 지역 매니지먼트 활동의 자금
조달에 강제징수 시스템(지역재생을 위한 지역 매니지먼트
부담금 제도 등)을 활용하는 경우, 주로 ① 목적에 찬성하지
않는 재(FR)를 모두 강제적으로 그룹에 넣어 함께 하는
지역(X지구)을 설정할 것인가, ② 장래 찬성을 얻는 것을
전제로 목적에 찬성하지 않는 재(일부)도 포함하여 지역(Y1
지구)을 설정할 것인가, ③ 목적에 찬성하지 않는 자를
제외하여 지역(Y2지구)를 설정하여 그 지역에서 실제 활동
하는 조직을 협의회 조직과는 별도로 설립할 것인가의 3
가지가 고려될 수 있다. 어떠한 경우에도 대상 지역은
특정된다.

더 큰 이익을 만들기 위해서는

[그림 5]에서 제시하는 것과 같이 일정 지역에서 개개의 주체가 흩어져 지역 매니지먼트 활동을 실시한다면 지역 전체의 활동 효과는 극히 적다(STEP1). 개개의 주체가 임의로 협의회 조직을 만들어 유연하게 연계한다면 같은 비전과 목적을 지니고 활동하게 되어 어느 정도 효과를 기대할 수 있다(STEP2).

협의회 조직이 지역 매니지먼트 활동을 확대하는 과정에서 지역 매니지먼트 활동의 자금조달에 강제징수 시스템을 활용하는 경우, 주로 ① 목적에 찬성하지 않는 자도 강제적으로 같은 그룹에 포함되는 지역을 설정할 것인가, ② 장래 찬성을 얻는 것을 전제로 목적에 찬성하지 않는 자(일부)도 포함하여 지역을 설정할 것인가, ③ 목적에 찬성하지 않는 자를 제외하고 지역을 설정하여 그 지역에서 활동할 실제 조직을 협의회 조직과는 별도로 설립할 것인가의 3가지가 고려될 수 있다. 이 단계에서는 대상 지역이 보다 명확해지고, 또한 실제 조직의 설립 등으로 이해관계자 간의 연계(결속력)가 강해진다. 이에 기초하여 활동이 진행됨으로써 얻을 큰 효과를 기대할 수 있고, 동시에 그 효과는 활동자금의 부담자에게도 미치게 된다(호수성의 실현)(STEP3).

더욱이 지역 매니지먼트 단체가 활동실적을 쌓아올릴수록 활동에 찬성하는 자가 늘고, 장기적으로는 부담에 대응할 보다 많은 이해관계자에 그 효과가 미쳐(공공성의 실현), 진정한 의미의 지역가치가 증가하는, 즉 경제 환경 등에 큰 변화가 있더라도 별다른 영향 없이 강인한 가치가 발생한다(지역가치 증가성의 효과)(STEP4).

2-2

효과를 보는 시점

　지역 매니지먼트 활동의 효과는 일률적으로 '이것이 답이다'라고 간단히는 말할 수 없으나, 효과를 보기 위한 4가지 중요한 관점이 있다. 이들을 고려하는 것은 지역 매니지먼트 활동의 효과를 이해관계자에게 어떻게 전달하고 지역 매니지먼트 활동을 계속해나갈 수 있는가와 밀접하게 연결된다. 지역 매니지먼트 단체는 이 절에서 서술하는 내용을 이해관계자도 함께 인식하도록 노력을 기울여야 한다.

4가지 관점

　다양한 측면을 지닌 지역 매니지먼트 활동이 효과를 보려면 '단기적인 시점이 아닌, 장기적인 관점의 중요성', '공민연계의 관점의 중요성', '지역 매니지먼트 활동의 강제력', '지역의 다양성과 활동평가'의 4가지 관점에 유의해야 한다.

중장기적인 관점의 중요성

　지역 매니지먼트 활동에 단기적인 효과만을 기대할 것이 아니라, 적어도 5년 이상 진행해야 효과기 발현되는 경우가 있기 때문에 시간 축을 고려해 효과를 볼 때까지 지켜볼 필요가 있다. 예를 들어, 마을만들기 비전과 가이드라인을 바탕으로 지역의 경관형성과 녹화 등을 도모하는 경우, 단기적으로 부지 단위로만 부분 개량해서는 지역가치가 유지·향상되지 않는다. 장시간에 걸쳐 각 부지의 공지와 녹지, 휴게시설과 건물의 외관 디자인 등을 면적으로 연결해 모두에게 편안하고 좋은 공간이 만들어져야 지역의 가치가 유지 또는 향상된다는 일련의 흐름을 인식해야 한다. 이를 위해서는 지역 매니지먼트 단체가 마을만들기 비전과 가이드라인의 내용을 이해관계자와 공유하여 의논하는 장(비전과 가이드라인이 없는 경우는 이를 만들기 위한 장), 이를 실행에 옮기기 위한 계획 만들기의 장이 필요하다.

공민연계의 관점의 중요성

또한, 민간에 의한 지역 매니지먼트 활동의 효과가 발현되기까지 활동의 계속성을 담보하는 방법으로서, 필요에 따라 공(행정)에 의한 인프라의 정비와 보조금 및 조성금을 도입하고, 규제완화 등을 추가로 준비하는 것이 중요하다. 예를 들어, 인프라 정비에 대해서는 지역 매니지먼트 단체인 삿포로역 앞 도로 마을만들기 주식회사가 광고매체와 이벤트 공간으로의 활용을 전제로 한 삿포로시에 의한 삿포로역 앞 도로의 정비(2011년 완성)를 들 수 있다. 완성하여 약 9년이 지난 지금도 지하 보행공간(치·카·호)은 해당 지역 매니지먼트 단체의 활동에 없어서는 안 될 중요한 인프라라고 말할 수 있다.

또한, 이미 소개한 내각부의 지역 매니지먼트 부담금제도에 있어서는, 이를 활용함으로써 교부되는 부담금과는 별도로 지역재생계획의 작성비용과 사회실험의 실시비용 등에 대해서는 내각부의 지방창생추진교부금에 의한 보조지원이 가능하다.

강제력을 지닌 시스템 만들기의 중요성

상기의 2가지를 실현하기에는 지역 매니지먼트 단체의 조성을 지역 내 개개의 의향에 근거하여 임의로 실시하는 것이 아닌, 해외의 BID 사례에서 소개하는 것과 같이, 정해진 규정에 따라 일정 수 이상의 찬성에 근거하여 시스템적으로 실현시켜나가는 강제력을 지닌 시스템 만들기가 중요하다.

일본에서는 앞서 기술한 바와 같이, 해외의 BID 제도를 참고로 지역 매니지먼트 활동의 부담금을 강제적으로 징수하는 시스템인 '지역 매니지먼트 부담금제도'가 창설되었다. 중요한 결정에 전원의 찬성을 필요로 하지 않는 강제력을 지닌 시스템은 일본 법제도의 다양한 측면(도시재개발 등의 절차 등)에서 보이는데, 지금까지 축적해 온 신뢰관계를 유지해나가기 위해서 일부의 반대의견을 거부하고 강제징수를 단행하는 것에 저항감이 있다는 의견도 존재한다. 이해관계자의 신뢰관계를 무너뜨리지 않고 이 제도를 잘 활용하기 위해서는 지역 매니지먼트 활동으로 얻을 효과 등에 대해 시간을 들여 다양한 각도에서 의논하는 것이 중요하다.

지역의 다양성에 즉흥적인 활동효과의 파악

지역 매니지먼트 활동은 도시의 규모, 용도, 대규모 개발의 유

무 등에 의해 그 특성이 서로 다르다. 대도시에서는 대규모 개발
에 따라 그 개발을 담당하는 디벨로퍼가 중심적인 역할을 실시하
는 형태로 활동이 진행되는 경우가 많은데, 향후 기성 시가지(업무
상업계, 주택계, 혼합계)에 있어서 지역 매니지먼트 활동도 증가할
것으로 예상된다.

지역의 다양성에 따라 활동이 다양화(환경·에너지, 방재, 지적 창
조, 건강·식생활 예절 등)되는 것에 의해 활동효과의 사고방식도 다
양해질 것이다. 즉, 지역 매니지먼트 활동효과를 파악하려면 정량
적으로 파악 가능한 것만이 아니라, 정량적인 파악이 어려운 것도
고려해야 할 필요가 있다.

효과를 보는 관점과 효과의 전달방식

효과를 보는 관점과 관련해서는 지역 매니지먼트 활동의 효과
를 어떻게 이해관계자에게 전달하는가라는 관점도 중요하다. 예
를 들어, 기술한 관점으로 효과를 정확하게 파악했다 하더라도 이
를 이해관계자에게 전달하고 동시에 납득시키지 않으면 의미가 없
다. 효과의 파악과 설명, 이를 기초로 한 납득할 수 있는 분위기 양
성이 지역 매니지먼트 활동의 근간이 된다.

해외의 BID 제도는 부과금 등의 부담자에게 사업의 지속에 대
한 합의를 얻기 위해 설명할 책임이 BID 단체에게 있다. 이를 위해
지역 매니지먼트 활동의 효과를 시각적으로도 알아보기 쉬운 형
태로 사업자와 행정 등의 이해관계자에 전달하고, 납득할 수 있는
분위기를 양성해나가고 있는 BID 단체가 많다.

예를 들어, 영국에서는 5년마다 1회씩 투표해 활동의 지속 여부를 묻기 때문에 활동에 의한 수익을 산정하는 것이 일본의 지역 매니지먼트 부담금제도와 같이, 제도상 필요가 아니라, 투표권을 지닌 사업자 등을 상대로 목표가 달성되었는지를 설명하기 위해 시각적으로 알아보기 쉽게 표현하고 있다. 이것이 BID 단체에 유기한으로 고용된 전문관리자에 부여된 중요한 임무이기 때문에 목표의 설정과 효과의 전달방식에는 세심한 주의가 요구된다.

　미국의 뉴욕시 등의 BID도 투표로 동의여부를 실시하는 데에 방법차이는 있으나, 효과의 전달방식은 기본적으로 영국과 같은 방식을 취하고 있다.

　효과를 전달해야 하는 대상과 명확한 목표설정, 달성도의 표현방식, 게다가 이를 중요한 업무의 하나로 여길 전문관리자의 존재가 일본의 지역 매니지먼트 단체와 비교하면 해외 BID의 큰 특징이라고 말할 수 있다. 다음 절에서는 해외와 일본의 지역 매니지먼트 활동의 효과를 전달하는 방식에 대해 소개한다.

2-3

해외 BID 단체의 활동효과의 전달방식

해외에서는 BID 단체가 활동의 효과를 알아보기 쉽게 이해관계자에게 전달하는 것이 지속적인 활동의 열쇠다. 문장이 많은 연차보고서와는 달리, 사진과 도표를 중심으로 요점을 알아보기 쉽게 제시하는 것이 해외 BID 보고서의 공통된 특징이다. 이 절에서는 지역 매니지먼트 단체가 이해관계자에게 활동효과를 전달할 때 참고가 될 미국과 영국의 각 3개 도시의 사례를 소개한다.

미국 BID의 연차보고서 등

덴버시(다운타운 덴버 BID, 다운타운 덴버 파트너십)

다운타운 덴버 BID는 1992년에 설립된 덴버시(인구 71.6만 명, 2018년 8월 추계) 다운타운의 상업지역을 대상으로 하는 BID다.

2007년에 덴버시(군), 다운타운 덴버 파트너십 등에 의해 책정된 다운타운 지역 플랜(세계에서 가장 살고 싶은 도시가 되기 위한 비전 '번영하는Prosperous', '걷기 쉬운Walkable', '다양한Diverse', '특색 있는 Distinctive', '환경을 배려하는Green'을 포함하고 있다)에 근거하여, 지역의 중심가인 '16번 스트리트몰'을 중심으로 청소와 경비 등의 활동이 진행되고 있다. 또한 관련 조직인 다운타운 덴버 BID와 협정을 맺고 이 지역을 포함한 광역(다운타운 지역)의 관리 · 운영을 실시하는 조직(다운타운 덴버 파트너십) 등 복수의 조직이 연계해 지역 매니지먼트 활동을 이어가는 것이 이 지역의 특징이다(그림 6).

다운타운 덴버 BID의 연차보고서(2016년)에는 BID의 평가 기준

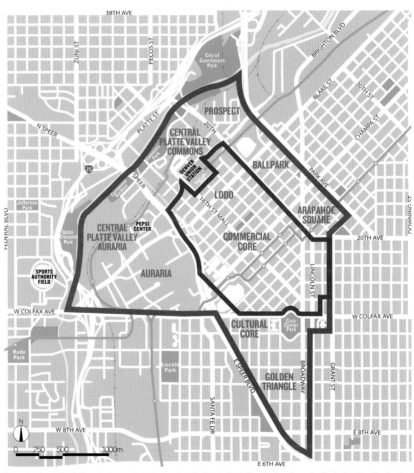

[그림 6] 다운타운 덴버 BID(파란색 선 내)와 다운타운 덴버 파트너십(회색 선 내)의 대상 지역(〈2016 State of Downtown Denver Report〉에 의해 작성)

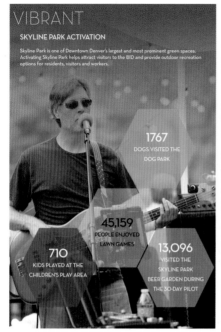
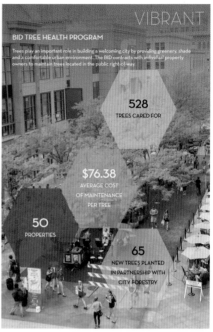

[그림 7] 다운타운 덴버 BID의 연차보고서에 따른 활기(Vibrant) 항목의 실적 일부(2016년)
(Downtown Denver Business Improvement District 2016 Annual Report)

으로 '매력Inviting', '활기Vibrant', '번성Thriving'의 3가지 활동목표를 세우고, 이에 대한 실적을 시각적으로 제시하고 있다.

'활기'의 실적으로는 [그림 7]과 같이, 스카이라인 파크 내 도그 파크에 강아지가 1767마리가 왔다든가, 4.5만 명이 잔디밭에서 미니 골프와 탁구 등을 즐겼다든가, 3일간 비어 가든 이용자수가 1.3만 명이었다든가, 수목 유지관리비가 한 그루당 76달러가 들었다와 같은 내용을 도표 등을 통해 알기 쉽게 표현하고 있다. 문장을 최대한 줄여서 표현하는 것이 특징이다.

또한, 다운타운 덴버 파트너십의 연차보고서(2016년과 2017년)를 보면 공공공간의 활용 실적이 알아보기 쉽게 표현되어 있다. 2016

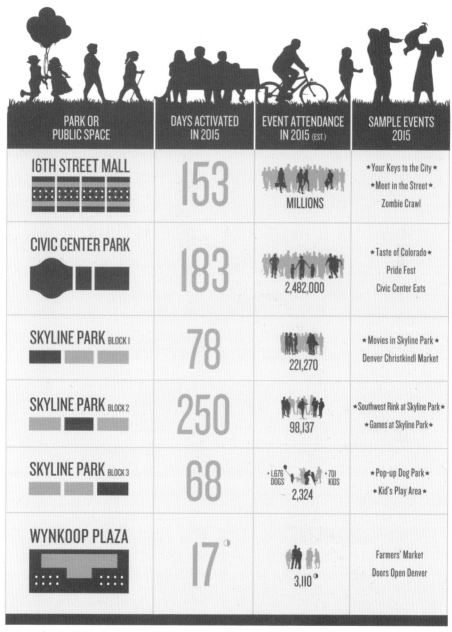

PARK OR PUBLIC SPACE	DAYS ACTIVATED IN 2015	EVENT ATTENDANCE IN 2015 (EST.)	SAMPLE EVENTS 2015
16TH STREET MALL	153	MILLIONS	★Your Keys to the City★ ★Meet in the Street★ Zombie Crawl
CIVIC CENTER PARK	183	2,482,000	★Taste of Colorado★ Pride Fest Civic Center Eats
SKYLINE PARK BLOCK 1	78	221,270	★Movies in Skyline Park★ Denver Christkindl Market
SKYLINE PARK BLOCK 2	250	98,137	★Southwest Rink at Skyline Park★ ★Games at Skyline Park★
SKYLINE PARK BLOCK 3	68	+1,676 DOGS +701 KIDS 2,324	★Pop-up Dog Park★ ★Kid's Play Area★
WYNKOOP PLAZA	17◖	3,110◖	Farmers' Market Doors Open Denver

★ BID/DOWNTOWN DENVER PARTNERSHIP-PRODUCED ◖ PARTIAL YEAR

[그림 8] 다운타운 덴버 파트너십의 연차보고서의 공공공간 활용 실적(2016년)

(2016 State of Downtown Denver Report)

[그림 9] 다운타운 덴버 파트너십의 연차보고서의 공공공간 활용 실적(2017년)

(2017 State of Downtown Denver Report)

년에 공간의 종류와 활용일수, 실시 인터넷명과 그 참가자수가 인포그래픽 등으로 표현되었고, 2017년에는 전년과 다르게 실제로 실시된 이벤트(일부는 장소도 표기)와 그 사진, 이벤트 참가자 수가 세트로 표현되어 있다.

미니애폴리스시(다운타운 인프루브먼트 디스트릭트)

미니애폴리스시(인구 42.5만 명, 2018년 8월 추계)에는 시가 관리 · 운영하는 행정관리형 특별 서비스 지구City managed SSD(Special Service District)와

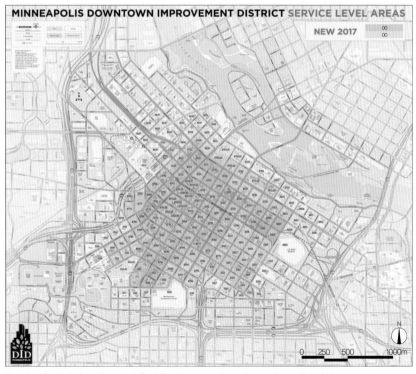

[그림 10] 미니애폴리스시 다운타운 인프루브먼트 디스트릭트 대상지역(미니애폴리스 다운타운 인프루브먼트 디스트릭트 홈페이지에 의해 작성)

[그림 11] 미니애폴리스시 다운타운 인프루브먼트 디스트릭트의 연차보고서 일부(2016년)

(Minneapolis Downtown Improvement District 2016 Annual Report)

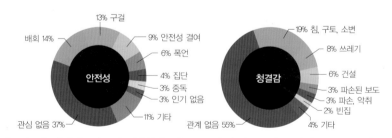

[그림 12] 미니애폴리스시 다운타운 인프루브먼트 디스트릭트 이미지 조사결과(2018년)

(Minneapolis Downtown Improvement District 2018 Annual Report에 의해 작성)

NPO가 관리 · 운영하는 NPO 관리형 특별 서비스 지구Self-managed SSD
의 2종류가 있다.

후자의 예로는 다운타운을 대상 지역으로 하는 다운타운 인프
루브먼트 디스트릭트DID가 있다. 2009년에 설립된 이 BID의 특징
중에 하나는 BID의 서비스 수준이 지역에 따라 분리되어 있는 것
이다(그림 10). 구체적으로는 서비스 수준을 보행자의 활동 패턴과
열성에 따라 프리미엄(연한 오렌지색)과 스탠다드(하늘색)로 나누었
다. 수준은 보행자의 활동에 영향을 미치는 토지이용이 변화하면
변경 가능하다.

다운타운 인프루브먼트 디스트릭트의 2016년의 연차보고서 권
두에는 실행예정인 프로젝트, 조직체제, 실적 등에 대해 표기되
어 있고, 정량적인 데이터는 권말에 정리해 제시되어 있다. 덴버
와 같이 항목별로 색으로 구분하여 아이콘을 함께 기재하는 등 실
적을 알아보기 쉽게 표현하고 있는 것이 특징이다. 또한, '이미지
조사Perception Survey'라는 지역의 안전성과 청결에 대한 인상을 묻는
설문조가 결과가 매년 보고서에 게재되고 있고 정성적인 평가로
참고가 된다.

보스턴시(다운타운 보스턴 BID)

보스턴시(인구 69.5만 명, 2018년 8월 추계)에는 2010년에 설립된
다운타운 보스턴 BID가 현재 시의 중심부(다운타운 크롱싱을 포함해
트레몬도 거리, 콘그레스 거리, 코트 거리, 보일스톤 거리 등으로 둘러싸
인 40.5㏊의 지역)를 대상으로 지역 매니지먼트 활동을 하고 있다.

설립 5주년을 기념하여 만들어진 보고서에는 '지역의 미화Beauti-

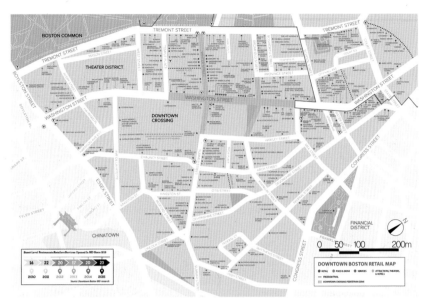

[그림 13] 다운타운 보스턴 BID 대상지역(The Transformation of Downtown Crossing 〈A Report from the Downtown Boston Business Improvement District 2016〉에 의해 작성)

ful', '환영Welcoming', '청결Clean', '거주자의 증가Residential Renaissance', '시장동향Market Trends', '하이테크 산업의 성장Hi-Tech Growth'이라는 목표가 제시되어 있는데, 시간 축을 넣어 각각의 지표가 얼마나 변했는지 알 수 있도록 한 것이 큰 특징이다. 특히 '환영'에 힘을 싣고 있는데, 안내건수와 BID 맵 배부수가 4년간 각각 1.8배, 13배로 늘어난 것을 알 수 있다.

'시장동향' 지표는 이해관계자가 신경을 쓰고 있는 부분인 BID 세액, 사무소의 공실률, 사무소의 모집임대료, 다운타운 호텔의 평균가동률을 매년 실적치의 추이를 알아보기 쉽게 표현해 제시되어 있다. 한 번에 봐도 모든 지표가 2011년부터 2015년에 걸쳐 순조롭게 흘러가고 있는 것을 알 수 있다.

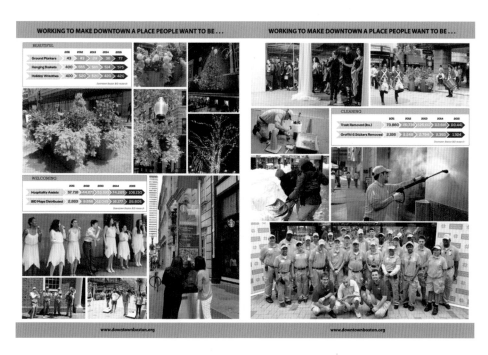

Downtown Boston Market Trends, 2011-2015

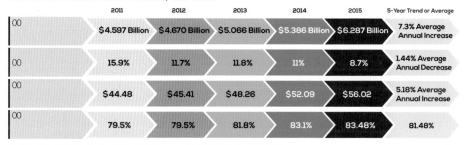

	2011	2012	2013	2014	2015	5-Year Trend or Average
00	$4.597 Billion	$4.670 Billion	$5.066 Billion	$5.386 Billion	$6.287 Billion	7.3% Average Annual Increase
00	15.9%	11.7%	11.8%	11%	8.7%	1.44% Average Annual Decrease
00	$44.48	$45.41	$48.26	$52.09	$56.02	5.18% Average Annual Increase
00	79.5%	79.5%	81.8%	83.1%	83.48%	81.48%

[그림 14] 다운타운 보스턴 BID의 보고서 일부(2011–2015년)(The Transformation of Downtown Crossing 〈A Report from the Downtown Boston Business Improvement District 2016〉에 의해 작성)

미국 BID의 보고서 등으로부터의 시사점

　　미국 BID의 보고서 등에 있어서 활동효과의 전달방식으로서 덴버시와 미니애폴리스시, 보스턴시의 BID 사례를 소개했다.

　　덴버시의 BID는 다운타운 지역 계획에 명시된 명확한 비전에 근거하여 '매력', '활기', '번성'이라는 활동목표 3가지를 세우고, 이에 대한 실적을 시각적으로 제시하고 있다.

미니애폴리스의 BID에서는 지역 내에서도 보행자의 활동상황 등에 따라 서비스 수준을 2가지로 나누어 효율적으로 활동하고 있는 다운타운 인프루브먼트 디스트릭트의 예를 소개했다. 활동효과를 사진과 숫자 외에도 아이콘을 사용하여 누구든지 알아보기 쉽게 정리하여 소개하고 있다. 이와 함께 안전성과 청결감 등에 대해서 정성적인 조사(이미지 조사)가 실시되고 있는 것이 큰 특징이다.

보스턴시의 사례에서는 '지역의 미화', '환영', '청소', '거주자의 증가', '시장동향', '하이테크산업의 성장'이라는 목표를 세워 실적이 시간 축으로 사진 등과 함께 알아보기 쉽게 제시되어 있다.

이들의 공통점은 읽고자 하는 대상을 명확히 파악해 비전과 목표와 실적 등에 관한 정보를 일목요연하게 정리한 것이다. 게다가 인포그래픽 등을 사용해 시각적으로도 대상의 흥미를 끌 수 있도록 노력하고 있다, 이것들은 부담금과 사업의 지속에 관여하게 될 합의형성 과정에 반드시 필요한 것으로, 지역 매니지먼트 단체가 참고해야 할 것이다.

영국 BID의 연차보고서 등

영국의 BID는 5년별로 갱신되는 시스템을 취하고 있다. 활동을 지속하기 위해서는 투표로 과반수의 동의를 얻을 필요가 있고, 이해관계자로부터 지지를 얻기 위해 충실한 내용을 알아보기 쉽게 연차보고서를 발행함으로써, 활동내용 및 그 효과의 가시화를 시도하고 있다. 투표 전에 발행·배부되는 차기 BID의 5개년계획에는 지금까지의 활동효과, 목표 시기, 수시보고 등이 포함되어 있다.

영국 BID의 연차보고서는 미국 BID와 비교해 인포그래픽을 사용한 효과의 가시화보다는 활동의 상세한 기술에 중점을 두고 있다. 예를 들어, '찬성' 표를 촉진하는 선거활동과 유사한 내용이나 BID 활동을 평가하는 현장의 목소리가 들어가 있는 것이 특징이 있다(그림 15과 그림 16).

2018년 일본에 이들에 대해 강연을 온 런던 BID 중 하나인 '캄뎀

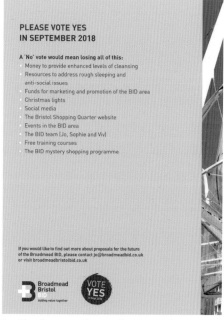

[그림 15] 베터 뱅크사이드가 시각적으로 디자인한 투표까지의 스케줄(Better Bankside 〈Renewing and Extending Better Bankside: A Proposal for 2015–2020〉)

[그림 16] 브로드미드 브리스톨 BID의 동의(YES)를 촉진하는 페이지(Broadmead Bristol BID 〈Broadmead Bristol Business Improvement District Prospectus 2018–2023〉)

타운 언리미티드'의 최고경영책임자 사이먼 핑키스리^{Simon Pitkcathlcy}는 BID 지역 내의 이해관계자에게 찬성을 얻기 위한 로비활동의 중요성을 강조했다. 또한, 유니버시티 칼리지 런던의 클라우디오 데 마가랴오스^{Claudio de Magalhães} 교수는 로비활동이 런던 중심으로부터 떨어진 사람이 별로 모이지 않는 장소야말로 필요로 한다는 가능성을 지적하고 있다. 이들 전문가의 의견을 보더라도 영국 BID에서는 로비활동에서의 활용측면에서도 연차보고서 등 활동효과의 시각적 전달을 중요시하고 있다.

베터 뱅크사이드(Better Bankside)

브리티시 BID^{British BIDs}가 정리한 〈세계 BID 조사 2018^{National BID}

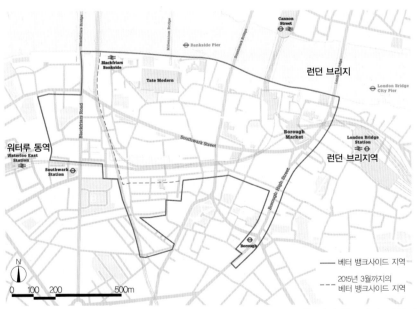

[그림 17] 베터 뱅크사이드의 BID 대상지역(빨간선 내). 2015년 3월 시점에는 빨간 점선 내 구역이었는데, 이후 대상지역이 확대되고 있다(그림 15와 동일)

Survey 2018〉에 따르면, 영국의 수도 런던에는 305의 BID 단체가 존재하고 있다. 이 가운데 이번에 예로 든 베터 뱅크사이드는 런던의 중심부를 흐르는 템스 강 남쪽 유역에 2000년에 설립되었다. 이 단체는 이 입지에 따라 노동자와 방문자가 만족할 수 있는 마을만들기를 염두에 두고 폭넓게 활동하고 있다.

베터 뱅크사이드는 2015년 4월에 제3기(2015-20년)에 들어, 현재 620개를 넘는 기업이 회원으로 연계되어 있다. BID 단체의 갱신 여부 투표가 실시된 2014년 말에 처음으로 5개년 계획이 승인되었다. 투표를 위해 발행된 5개년계획서〈Renewing and Extending Better Bankside: A Proposal for 2015-2020〉에는 '비즈니스', '거리·공간', '노동환경', '관광'을 카테고리로 분류하고 활동내용과 그 실적이 보고되어 있다.

예를 들어, 일하기 쉬운 장소를 지향하며 마련한 '노동환경' 지

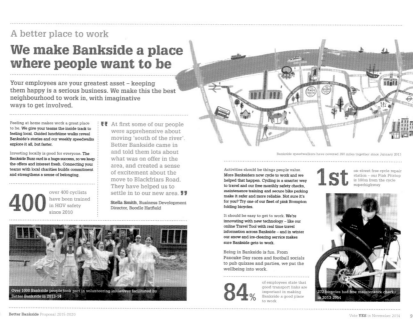

[그림 18] 제3기(2015~20년) 활동계획서 일부(노동환경에 관한 페이지)(그림 15와 동일)

면(그림 18)에는 BID 지역 내 사람들이 자전거를 이용해 통근하는 비율이 증가하고 있는 것을 언급하며, 월 1회의 무료안전점검, 자전거 수리 강습, 안전한 자전거 주차장의 제공을 보고하고 있다. 또한 지역 내 교통정보(바클레이즈의 렌트 사이클 스폿, 자전거 주차장, 교통 혼잡, 충전 스폿, 버스·수상버스 정류장)를 실시간으로 전달하는 온라인 트래블 툴Travel Tool의 운영과 겨울철 제설·제빙 서비스의 실시에 대해서도 소개하고, 지역 노동자의 요구에 맞춘 BID의 효과를 압축적이고 포괄적으로 전달하고 있다.

또한, 5개년계획 내에서 KPIKey Performance Indicator를 정리하여 제시한 부분은 없지만, 〈표 1〉과 같이 평가지표의 실적보고가 실시되고 있다. 여기에는 지역의 고용주 50명에 대한 전화조사 및 지역 내 노동자 434명의 지역 거리조사에서의 수집결과를 바탕으로 평가한 지표도 존재한다.

〈표 1〉 제3기(2015-20년) 활동계획서의 평가항목 및 평가지표

	평가항목	평가지표
비즈니스	네트워크 만들기·스킬 워크숍	개최건수, 참가자의 만족도(%)
	지역 거주자에게 구인정보 제공	건수
	제복 착용 경비원에 의한 방범 서비스	고용주의 만족도(%)
거리·공간	공공공간의 개선	면적(㎡)
	거리 청소	노동자의 만족도(%)
	녹화·식재	면적(㎡), 수목 수(그루)
노동환경	중량물 운반차에 대한 안전 연수	연수참가 사이클 수(명)
	자원봉사활동	참가자 수
	교통편의성의 이점이 가져오는 노동환경 개선	노동자에 의한 만족도(%)
	자전거 무료 수리	무료 수리 수
관광	방문자	방문자 수(명)
	인포 바이크에 의한 정보제공 서비스	직원이 하루 동안 말을 건 방문자 수(명)

(그림 15에 기초하여 작성)

브로드미드 브리스톨 BID(Broadmead Bristol BID)

브리스톨은 런던에서 약 190㎞ 서쪽에 위치하고 약 45만 명의 인구를 지닌 잉글랜드 남서부 최대이자, 영국 제8의 도시다. 웨일즈의 수도 카디프까지 약 72㎞로 비교적 가깝다. 로마시대부터 항만도시로서의 기능을 갖춘 이 도시는 2015년에 영국에서는 처음으로 '유럽 그린 수도상European Green Capital Award'8을 수상했다.

이 도시에서는 4개의 상업계 BID 단체가 활동하고 있다. 이 가운데에서도 중심시가지 내에서 특히 상업시설이 집적해 있는 브리스톨 쇼핑 쿼터Bristol Shopping Quarter를 대상지역으로 하는 것이 2005년에 데스티네이션 브리스톨Destination Bristol(관민연계의 관광·상업추진

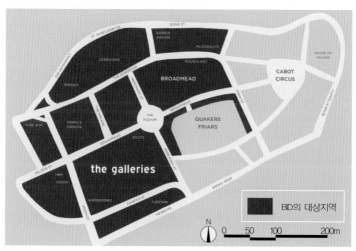

[그림 19] 브로드미드 브리스톨 BID의 대상지역(그림 16과 동일)

8　2008년부터 유럽연합(EU)의 유럽위원회 환경국이 창설·주최하고 있다. 12가지 지표에 근거하여 환경에 배려한 도시에 수여하는 상이다. 브리스톨은 2005년 이후의 경제성장과 이산화탄소 배출량의 삭감, 저탄소 산업·크리에이티브 산업·디지털 산업에서 고용증대가 평가되었다.

NPO 단체)의 제안으로 설립된 브로드미드 브리스톨 BID다. 2008년에 5개년계획이 승인된 이래, 소매업자로부터의 지지를 얻어 활동을 계속해 오고 있다. 현재는 2018년 10월에 시작하는 제4기를 통해 활동의 폭을 더욱 넓혀나가고 있다.

제4기의 5개년계획을 제시한 2018-23년의 사업계획서〈Broadmead Bristol Business Improvement District Prospectus 2018-2023〉에서는 '청소와 환영Crean & Welcoming', '반사회적 문제에의 대응Addressing Anti-Social Issues/Safety', '마케팅과 프로모션Marketing & Promotion', '비즈니스 서포트Business Support'라는 카테고리 별로 활동내용이 제시되어 있다. 기타 차기 BID 활동의 목표만이 아니라, 부과금, 예산, 담당자까지 알아보기 쉽게 명시되어 있고, 부과금 부담자를 대상으로 실시하고 있는 활동 내용별 설문조사 결과가 충실한 것도 특징이다. 각 프로젝트에 대한 지지율이 일목요연하게 제시되어 있는 것도 BID의 업데이트를 위한 지지획득의 시도로 볼 수 있다(그림 20).

또한, 브로드미드 브리스톨 BID에서는 5개년계획 이외에 연차보고서를 매년 발행하고 있는데, 이 보고서에서는 5개년계획과 다른 특징을 엿볼 수 있다. 5개년계획만큼 지지율과 찬성률 등의 구체적인 숫자는 제시하고 있지 않은 대신에, BID 단체의 활동 내용의 전모가 카테고리 별로 소개되어 있다. 또한, 지역 주민을 의식한 내용이 실려 있는데, 제3기의 3년째부터 추가된 반사회적 문제에 대한 대응은 전국적으로 관련 문제가 늘어난 것을 의식하여 도입되었다. 2018년의 투표에서 사업의 계속이 결정되고부터는 지역 내 소매업자의 의견을 바탕으로 경찰과 브리스톨 시티 카운실(시의회)과 협동하여 소매업에서의 범죄 감소를 위한 활동을 추진하고 있다.

[그림 20] 2018–23년 사업계획서 일부(그림 16과 동일)
카테고리별로 활동내용이 정리되어 설문조사에 의한 구체적인 수치가 시각적으로 표시되어 있다.

〈표 2〉 브로드미드 브리스톨 BID 제3기 3년째(2015년 11월–16년 11월)의 KPI

	KPI	결과	계획
마케팅	마케팅 캠페인	26	26
	이벤트 일수	112	85
	라디오 광고 일수	98	98
	인쇄광고 일수	77	75
소매업자와의 관계	BID팀에 의한 내방객수(최근 12개월 내)	3008	3250
	익명 조사원 활동에 참가하는 점포	86	75
청소와 유지	껌 떼기 일수	246	260
	이틀 간 대처한 낙서와 그의 부수 건수	567	–
	스트리트 퍼니처 수복	26	–
소셜미디어 효과 (2016년 1월부터)	웹사이트에 접근	+9%	–
	페이스북 페이지의 '좋아요' 클릭 수	+23%	
	트위터 팔로워 수	+9%	
	인스타그램 팔로워 수	+105%	

(〈The Broadmead Business Improvement District BID 3 Year Three(Ending October 2016)〉에 의해 작성)

이렇듯 그때그때의 시대적인 문제에 민감하게 대응이 가능한 것도 지역 내 이해관계자에게 정기적으로 의견을 듣고, KPI의 재검토를 실시하기 때문이라 볼 수 있다. 이들의 KPI는 전년대비와 함께 연차보고서로 실적이 보고되고 있는 것 이외, BID팀에 의해 모니터링되어 격달로 개최되는 BID 매니지먼트 미팅에서 부과금 부담자에게 보고되고 있다. 기타 다음해의 간단한 활동계획과 수지보고도 포함되어 있다.

스완지 BID(Swansea BID)

스완지는 웨일즈의 수도 카디프로부터 철도로 약 1시간(55km) 북북서에 위치하고 있는 웨일즈 제2의 도시다. 좋은 항만에 둘러싸

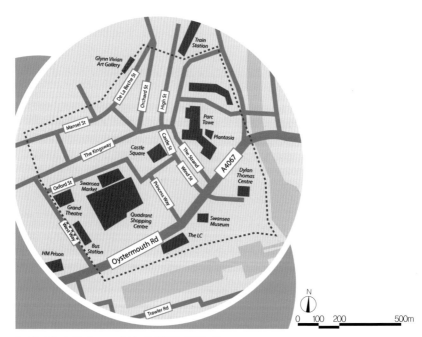

[그림 21] 스완지 BID 대상지역(빨간 점선 내)

여 있어 오래전부터 항만산업이 성행했고, 산업혁명 이후 양질의 석탄광산이 연이어 발견되어 당시 구리산업의 세계 점유율이 90%에 이르렀다. 이후 수많은 굴뚝에서 뿜어져 나오는 매연으로 인한 대규모 공해 문제로 쇠퇴일로에 이르렀는데, 지금은 웨일즈 최대 시장과 새로운 쇼핑몰 등이 세워져 활기 있는 도시가 되었다.

2006년에 웨일즈의 첫 BID로 설립된 스완지 BID는 2016년 8월에 제3기를 맞이하였다. 회원인 836개 기업과 조직에 제3기의 계속 실시 여부 투표(2016년 2월 25일) 전에 제2기의 활동보고와 제3

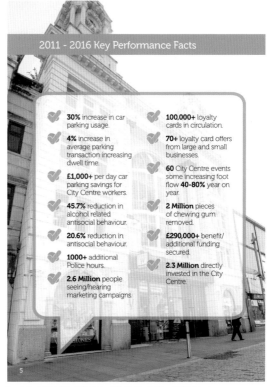

[그림 22] 제2기(2011-16년)의 주요 활동효과(그림 21과 동일)

<표 3> 제3기(2016-21년) 사업계획의 평가항목 및 평가지표

평가항목	평가지표	수치
주차장 이용	증가율(%)	30%
주차장 이용시간	증가율(%)	4%
노동자의 주차장이용료 절약	1일당 총액(펀드)	1000펀드
음주로 인한 반사회적 행위	감소율(%)	45.7%
반사회적 행위	감소율(%)	20.6%
경비원에 의한 방범	시간	1000시간 이상
마케팅 캠페인	보고 들은 사람수(명)	206만 명
로열티 카드	사용수	10만 건 이상
로열티 카드 신청	건수	70건 이상
이벤트 · 보행자	개최수(건), 보행자수(%)	60건
껌 떼기	껌 수	200만 개
자금 조달	확보 총액(펀드)	29만 펀드
직접 투자	총액(펀드)	230만 펀드

(그림 21과 동일)

기의 5개년계획서〈Swansea BID Business Plan 2016-2021〉를 발행했다. 여기에
서는 구체적인 수치를 제시하여 BID의 긍정적인 활동을 객관적으
로 알 수 있다(그림 22).

　또한, 활동별 상세 페이지를 별도로 만들어 제2기가 시작할 때
(2011년) 내세웠던 목표, 제2기를 통한 달성사항 및 그 효과, 제3기
의 목표를 게재하고 있다. '주차장과 교통기관'에 관한 활동을 예
로 들면, '지역의 중심부에 무료 주차장을 제공한다'는 목표는 그
이상으로 주차장과 대중교통기관 서비스를 향상한 결과, 주차장
이용률이 30% 향상되어 지역 중심부의 체류 시간이 늘자 쇼핑객
과 방문객의 편의성이 향상되고 지역 중심부에 있어서 보행자의
주차장 이용료 절약에 공헌했다고 보고하고 있다(표 3과 그림 22).

　구체적인 수치를 포함한 보고에 더해 현장에서 귀 기울인 BID
활동을 평가하는 목소리도 설득력이 있다. 게다가 목표달성의 여

2011: What we said

That we would deliver free car parking promotions in the City Centre.

What we delivered

We not only delivered 1 hour **FREE** car parking at all NCP car parks and **FREE** car parking on Independents Day and Small Business Saturday but we also delivered £3 for 3 hours at all NCP car parks all year round. Additionally, we have secured a BID City Centre worker saver ticket. PLUS worked with First Cymru Bus operator to provide discounted bus travel into the City Centre by showing our loyalty card.

1. Since introducing the £3 for 3 hours and free parking initiatives, we have increased the usage by an average of 30%.

2. Whilst lowering car parking prices the average transaction value has risen by 4%, so more people are parking and staying longer, increasing the dwell time.

3. Bus offers into the City Centre used by 1000's of shoppers/visitors.

4. BID car parking saver cards for City Centre workers are saving over £1,000 per day, helping recruit and retain businesses staff by cutting parking costs.

Our pledge

1. Provide consistent car parking offer/s.

2. Provide bespoke car parking offer/s.

3. Provide public transport offer/s.

[그림 23] 〈주차장과 교통기관〉에 있는 제2기의 활동효과 및 제3기(2016-21년)의 목표(그림 21과 동일)

부뿐만 아니라, 활동이 불러온 긍정 효과를 나열해 제시함으로써 '주차장과 교통기관'에 관한 활동에 있어서 포괄적인 효과의 전달에도 좋은 역할을 하고 있다.

한편, 스완지 BID도 5개년계획 이외에 연차보고서를 발행하고 있다. 연차보고서에서는 수지보고에 더해, '주차와 교통기관Parking & Transportation', '안전과 보장Safety & Security', '마케팅과 이벤트Marketing & Events', '상업 비즈니스와 원활화Commercial & Facilitation', '청소와 강화 Cleaning & Enhancement'의 5가지 카테고리별로 활동 및 그 효과(실적)에

Marketing & Events

Over the last year we successfully delivered events in the City Centre, which were supported by our overarching marketing strategy, helping to drive foot flow. We also invested further in our important social media activities, introducing a robust social media strategy, promoting businesses, both via our Big Heart of Swansea consumer brand and Swansea BID networks. Through independent location model scheme and research/intelligence and heat mapping we targeted shopper profiles, including the growing student demographic in our area.

We continued to provide overarching marketing strategy, raising the profile of the City Centre and its businesses. We continued to provide our successful Big Heart of Swansea discount card scheme, we delivered target market and retention schemes and provided free social media platforms to promote businesses. We delivered events and promotions in the City Centre, and conducted research and evaluation to help position, brand and market the City Centre and BID Members.

Over the year:

- We organised, sponsored and promoted over 20 events during the year with a 38.9% increase in an event recruitment.

- We secured more than 120 media cuttings and broadcasts with an advertising value of £195,000+.

- Our regional marketing campaigns reached over 1.3 million people.

- Our 10 E-newsletters have been read by over 100,000 people, with an average open rate of 38percent, which is higher than the industry average.

By comparison, Wales's biggest BID delivered £152,500 worth of coverage last year and the UK's biggest BID outside London generated £60,000 worth of media coverage.

Investing in our social media has resulted in a growth of 54 percent across all channels with an 18 percent growth to circa 10,000 in Twitter followers alone, which is more than any BID in Wales. Our social media strategy also delivered 937,521 Tweet impressions, 22,790 minutes of video content views on Facebook and Facebook reach of 155,364 across all campaign activity. BID and Big Heart activities lend themselves to Instagram and our Swansea BID and Big Heart platforms enjoy 1963 followers. In total our social media investments promoting the City Centre and the businesses has grown to 19,137 over the last year.

Commercial Business & Facilitation

We have developed our strong voice as the conduit for City Centre businesses at a local, regional and national level. We have continued to provide a clear commercial communications strategy to develop and promote the right message to the right people. This year we have invested in an award-winning communications agency, from within the Swansea Bid area, to help us promote our City Centre and to meet the objectives of our operating groups objectives.

Over the year we continued to help reduce businesses costs by using the BID levy as leverage to secure bottom line benefits through collective purchasing. We strengthened our recognised and respected business voice on local, regional and national platforms further developing our position as the conduit for City Centre businesses pan UK. We helped sustain existing businesses through our day-day operations with guidance and advice on training through B2B events, networks and grants whilst encouraging and supporting new businesses to set up in Swansea City Centre, by working with landlords, agents and other investors.

We continued to implement strategies to develop the BID area's economy and vibrancy, including via Creative Bubble – a student employability and entrepreneurship partner project with UWTSD. Creative Bubble has delivered 42 bespoke events benefiting the BID area businesses and economy.

During the year we worked with our fellow Welsh BIDs helping to secure a new business rates relief scheme from The Welsh Government for eligible BID Members, effective from April 2019. Before this we helped deliver the tier 1 and tier 2 rate relief scheme worth over £200,000, and we secured a position as Special Advisor on the £1.3 billion Swansea Bay City Regions, with £800 million being spend in our BID area.

We also worked with the Local Authority to deliver a comprehensive feasibility study on the pedestrianisation of Wind Street which we will be looking to hopefully take forward into operational deliver.

In September 18 we appointed a new Ambassador who has visited BID Members 1,250 times and worked on more than 260 activities.

Over the year we:

- Delivered more than £1,550 per day savings for BID area workers.

- Facilitated £1.5 million of funding/grants for new and existing BID area businesses.

- Identified over £16,000 of essential running cost savings for BID businesses via our bespoke procurement scheme.

[그림 24] 제3기 3년째(2018-19년)의 연차보고서 일부(Swansea Business Improvement District AN-NUAL REPORT 2018/2019). 시각적으로 알아보기 쉬운 매체 제작을 지향하고 있다.

대한 구체적인 수치와 함께 기입되어 있다. 제2기에서는 문자가 대부분이던 연차보고서도 수년에 걸쳐 찍은 사진을 넣어 보다 시각적으로 알아보기 쉽게 변화되고 있다(그림 24).

영국 BID의 보고서 등으로 본 시사점

일본의 지역 매니지먼트 단체에 비해 영국 BID는 구체적인 수익자를 특정하고, 현실감 있는 효과의 검증이 이루어지고 있는 점이 특징이다. 일본의 지역 매니지먼트 단체에서는 '방문자·이용자수'를 이용해 지역 매니지먼트 효과를 측정하는 경우가 많은데,

[그림 25] 스완지 BID가 개최한 이벤트 모습(https://www.swanseabid.co.uk/marketing-pro-motions-events/(2020년 1월 31일))

영국 BID에서는 '고용주', '노동자', '거주자', 'BID 회원'과 같이, 각 속성의 부류가 투표를 의식하도록 보다 가깝고 현실감 있는 지표를 구축하고 효과검증을 실시하고 있다. 즉, BID 활동에 의한 효과가 각 속성이 지닌 기대치를 웃도는가 아닌가의 관점을 지니고 있다. 효과를 수치와 인포그래픽 등으로 보기 좋게 전달하는 것도 중요하지만, '수익자를 세분화 · 구체화하는 것'은 일본의 지역 매니지먼트 단체에게 참고가 된다.

업무 중심지구와 직장인을 대상으로 한 활동이 서서히 늘어나고 있는 현재, 지역 내의 막연한 효과가 아닌 고용주와 노동자의 요구를 데이터와 함께 제시함으로써 무임승차자의 삭감으로도 이어진다고 볼 수 있다. 데이터도 지역 내의 기업 및 기업 내 직장인에게 실시하는 설문조사가 저비용으로 쉽게 수집하는 데에 효과적일 것이다.

또한 일본의 많은 지역 매니지먼트 단체는 '안전 · 안심'과 '환경 · 에너지' 등으로 분류하여 활동을 보고하고 있으나, 해외의 BID에서는 활동별이 아닌 수익자별(고용자, 노동자, 거주자, 방문자 등)로 활동효과를 전달하고 있다. 이를 통해 각각의 속성이 스스로가 누리고 있는 수익에 해당하는 부분을 알기 쉽게 하고 있다.

2-4

지역 매니지먼트 단체의 활동내용과 효과의 전달방식

　일본의 지역 매니지먼트 단체의 활동보고 대상은 단체의 이해관계자이고, 내용은 단체의 정보와 활동내용의 기재에 그치고 있다. 지역 매니지먼트 부담금제도를 도입하여 지역 매니지먼트 활동을 실시하는 경우 해외의 BID 보고서와 같이, 활동이 계속적으로 이어질 수 있도록 다양한 데이터를 알아보기 쉽게 기재하여 이해관계자에게 제시함과 동시에 폭넓은 시민에게 그 효과를 명시하는 내용이 되도록 변화할 필요가 있다.

이해관계자를 위한 보고서

NPO 법인 다이마루유 에리어매니지먼트 협회(리가레)[도쿄 치요다구]

　2018년도 활동현황 보고서의 구성은 〈표 4〉(162쪽 참조)와 같고 협회의 내용을 위한 활동보고로 이루어져 있다(161쪽, 그림 26 참조).

大丸有エリアマネジメント協会　活動概況（2018年4月〜2019年3月）

【1】協会の構成
・会　　員：法人95社、個人54名（2019年3月末時点）
・総　　会：1回開催（5月31日）
・理事会：5回開催（第97回〜101回）

【2】賑わいづくり
①公的空間活用
行幸通り
・NO LIMITS SPECIAL2018 東京丸の内（5月5日〜6日）
・日枝神社神幸祭お練り（6月8日）
・丸の内de打ち水、丸の内盆踊り　（7月27日）
・東京味わいフェスタ（10月5日〜7日）
・ツール・ド・ニッポン（10月28日）
・ドリームよさこい（11月4日）
・東京ミチテラス（12月24日〜28日）※樹木のみ12月14日〜
・東京マラソン（3月3日）

丸の内盆踊り

丸の内仲通り
・丸の内警察交通安全パレード（4月4日）
・ハンドクラフトマーケット by Creema（4・5・6・7・9・10・11・12月）
・ラフォル・ジュルネ・オ・ジャポン2018（5月3日〜5日）
・スターバックスキッチンカー（5月8日）
・丸の内ラジオ体操（5月7回・10月7回）
・ブルームバーグ スクエア・マイル・リレー（5月17日）
・大手町・丸の内・有楽町綱引き大会（5月21日〜25日）
・キャンピングオフィス丸の内（5月24日〜26日）
・英国フェア（6月4日〜10日）
・日枝神社神幸祭お練り（6月8日）
・クナイプ×ロンドンバス（6月15日〜17日）
・東京音楽の祭日（6月18日〜22日）
・MARUNOUCHI SPORTS FES 2018（8月3日〜16日）
・アーバンテラスサマーナイト（8月6日〜10日）
・プロジェクトFUKUSHIMA！大風呂敷ピクニック（8月16日）
・ビジネス酒場関連（9月22日）
・Tomorrow Land 40th アニバーサリー（9月22日〜24日）
・東京味わいフェスタ（10月5日〜7日）
・BEYOND FES.丸の内（10月13日〜14日）
・藝大アーツイン丸の内2018関連（10月22日・28日）

丸の内仲通りアーバンテラス

大手町・丸の内・有楽町綱引き大会

[그림 26] NPO 법인 다이마루유 지역 매니지먼트 협회의 활동 상황 일부(2018년 4월–2019년 3월)(제공 : NPO 법인 다이마루유 지역 매니지먼트 협회(리가레))

〈표 4〉리가레 활동보고서의 구성

1. 협회의 구성 : 회원 수, 총회 개최횟수, 이사회 개최수
2. 활기창출 : ① 공적공간의 활용, ② 공개공지의 활용, ③ 지역 매니지먼트 광고
3. 지역 내의 교류촉진 : ① 야구대회, ② 여름 축제, ③ 라디오 체조 등
4. 홍보 : ① 팸플릿 갱신, ② 지역 매니지먼트 보고서 갱신, ③ 이벤트 개최 알림 등
5. DMO 도쿄 마루노우치의 설립
6. 전국 지역 매니지먼트 네트워크와의 연계

일반 사단법인 TCCM(도요타 시티센터 매니지먼트)[아이치현 도요타시]

도요타 마을만들기 주식회사가 발행하는 〈2019년도판 중심시가지 활성화에의 흐름〉은 〈표 5〉와 같이 구성되어 있고, 이 가운데 5. 도요타시 중심시가지 활성화 협의회와 6. 도요타시의 활동 내에 (일반 사단법인)TCCM의 활동이 기술되어 있다(164-167쪽 참조).

도요타 마을만들기 주식회사의 업무만이 아니라, 연계하는 도

〈표 5〉도요타 마을만들기 주식회사 '2019년도 중심활성화로의 흐름의 구성'

1. 인사말
2. 연혁
3. 도요타 마을만들기 주식회사에 대해서
   • 개요, • 결산상황의 추이, • 주요 업무내용의 설명
4. 도요타 마을만들기 주식회사의 사업
5. 도요타시 중심시가지 활성화 협의회
6. 도요타시의 추진활동
7. 도요타시, 도요타 마을만들기 주식회사, 기타 마을만들기 단체와의 연계사업 등
8. 자료

요타시, 중심시가지 활성화 협의회와 일반 사단법인 TCCM, 기타 마을만들기 단체 등과 도요타 마을만들기 주식회사의 업무가 어떻게 연계하고 있는가, 경위적·조직적인 내용과 함께 다양한 데이터를 통해 상세하고 종합적으로 정리된 연보다. 이해관계자인 주주와 연구자의 이해를 얻기 쉽다. 원래 일반시민과 지역 이해관계자를 위한 것이 아니기 때문에 그들에게는 너무 상세하여 활동을 이해시킬 핵심요소가 명확하지 않은 면이 있을 수 있다.

일반인을 위한 보고서

오오테마치·마루노우치·유라쿠초 지구 지역 매니지먼트 레포트[도쿄도 치요다구]

리가레와 일반 사단법인 오오테마치·마루노우치·유라쿠초 지구 마을만들기 협의회(다이마루유 마을만들기 협의회)와 일반 사단법인 다이마루유 환경공생형 추진협회(에코 츠리아 협회)의 3자가 작성한 〈오오테마치·마루노우치·유라쿠초 지구 지역 매니지먼트 보고서〉는 이해관계자만이 아니라, 일반인을 대상으로 한다. 다이마루유 지구가 일본의 중추적 관리기능을 지니고, 국제 비즈니스가의 색채가 매우 강한 지역이기 때문에 일문과 영문을 병기하여 외국인도 알아보기 쉬운 표현으로 작성하고 있다.

〈오오테마치·마루노우치·유라쿠초 지구 지역 매니지먼트 보고서〉의 구성은 〈표 6〉과 같다.

[그림 27] 도요타시 중심시가지 선전회의의 활동 소개(도요타 마을만들기 회사 《당신의 '선호'가 지역의 치라시에, 중심시가지 활성화의 흐름 2019년도판》 p.39)

あそべるとよたプロジェクト　とよたのまちなかを本気であそぶ、つかいこなす!

豊田市駅周辺にある開けた空間"まちなかの広場"を、"人"の活動やくつろぎの場として開放し、さらにはとよたの魅力を伝え、とよたに愛着を持てる場所として、使いこなしていく取組み。
現在は日常的なにぎわいが少なく、発表の場として使うことも難しい、まちなかの広場。そんな場所で、市民・企業・行政が一体となってアイデアを出し合い、みんなの"やってみたい"ことを実現しながら、より使いやすい広場に生まれ変わるための継続的な仕組みを創る。

あそべるとよた推進協議会

● 公と民の広場管理者などが構成員となり、まちなかの広場の活用
　やその仕組みづくりを推進する組織
● 構成メンバー
　豊田市中心市街地活性化協議会・(一社)TCCM、
　豊田喜多町開発(株)、豊田市駅前開発(株)、豊田市駅前通り南開発(株)、
　豊田市駅東開発(株)、豊田まちづくり(株)、豊田市崇化館地区区長会、
　豊田市(公園緑地管理課・都市整備課・土木管理課・商業観光課)、
　(株)こいけやクリエイト
● 事務局
　商業観光課、(一社)TCCM(事務局支援)

あそべるとよたDAYS(2018年3月1日〜)

● 管理者が異なる7か所の広場の窓口や使用料金を統一し、2018年度には44団体(168件)が広場を活用
《実施例》

ギター演奏

英国フェスティバル(参合館)

[그림 28] 아소베루(놀이) 도요타 프로젝트의 소개(그림 27과 동일, p.46)

豊田市中心市街地活性化協議会　（一社）TCCMより資料提供

一般社団法人TCCMとエリアマネジメント

豊田市中心市街地活性化協議会・TCCM（豊田シティセンターマネジメント）は2017年2月に法人格を取得し、『一般社団法人TCCM（以下、（一社）TCCM）』として公益性を持ったまちづくり組織として、中心市街地のエリアマネジメント事業を推進する。

（一社）TCCMの事業目的

地域住民・事業者等との連携のもと中心市街地の活性化をめざし、エリアマネジメントの推進事業実施により自立した組織をめざすとともに、事業収益を新たなまちづくり事業に還元する。
- まち・エリアの価値を維持・向上させるまちづくり事業の推進
- まちの賑わい・楽しさを創造し、魅力を発信するプロモーション事業の実施

（一社）TCCMの事業方針

豊田市中心市街地活性化協議会

（一社）TCCM

まちづくり事業	プロモーション事業
まち・エリアの価値を維持・向上させる事業 ①リノベーションまちづくり事業 ②公共空間の活用事業 都市再生推進法人指定 ③公共空間の運営・管理事業 （駅前広場、ペデストリアンデッキ、停車場線実証実験等）	まちの楽しみをつくる、魅力を発信する事業 ①イベント・回遊性向上事業 ②情報発信・インフォメーション事業 都市再生推進法人指定 ③広告事業 （公共空間活用、一括管理・統一窓口等）

（一社）TCCMの組織

設立時期：2017年2月28日　（一社）TCCM設立　所在地：豊田市小坂本町1丁目25番地　豊田商工会議所4階
組織体制：2019年4月1日現在

役　職	主な役割	位置づけ
代表理事	組織の代表、事業統括	豊田まちづくり(株)代表取締役社長
理事	代表理事の補佐	豊田商工会議所専務理事
		豊田市商業観光課長
監事	理事の業務執行財産監査	豊田商工会議所会頭
事業統括部長	事業の統括	専任職員
運営会議チーム	TCCM事業の推進・サポート・事務局業務	豊田市商業観光課・都市整備課、 豊田商工会議所、豊田まちづくり(株)　｝各担当者

（一社）TCCMへの都市再生推進法人の指定及び役割

● （一社）TCCMはまちづくりの推進を活動目的とし、まちづくりの実績がある法人として豊田市より『都市再生推進法人』の指定を受ける。
指定日：2018年3月23日
業　務：1.遊休不動産等の利活用と新たな事業者の発掘と支援
　　　　2.遊休不動産等の利活用に向けたプランニング
　　　　3.中心市街地の活性化に寄与する事業の提案と実施
　　　　4.賑わい創出、回遊性向上等をめざすプロモーションの実施
　　　　5.都市利便増進協定にもとづく公共的空間の運営・管理

● 停車場線等都市利便増進協定を豊田市と締結。
締　結　日：2019年5月20日
締結内容：停車場線等協定区域において都市利便増進施設の一体的な整備及び管理を行うことができる。

[그림 29] 일반 사단법인 TCCM과 지역 매니지먼트의 소개（그림 27과 동일, pp.40–41）

（一社）TCCMの主な事業等

■ まちづくり事業
● 都市再生推進法人としての公共的空間の活用事業（実証実験 Toyota Street Market 等）
● 豊田市中心市街地における官民連携のエリアマネジメントの仕組みづくりの研究（豊田市エリアマネジメント研究会）
● ペデストリアンデッキ広場の運営管理（あそべるとよたプロジェクト）

■ プロモーション事業
● 豊田市中心市街地まちなか宣伝会議
　商業活性化推進3ヵ年計画を豊田市に提案し採択される。事務局を担う。
● 映画を活かしたまちづくり実行委員会
　映画文化の醸成、及び映画・シネマコンプレックスを活かした賑わいづくりを市と共同で事務局の運営。

■ 収益事業
● 公園、広場、道路等公共的空間活用等事業
　『STREET&PARK MARKET』（桜城址公園）、『MUSEUM MARKET』
　（豊田市美術館）、『EHONMARKET』（とよたエコフルタウン）の開催
● 参合館アトリウムを日常的に活用した『CAFE』SHOP
● 駅西ペデストリアンデッキ広場での飲食店、広場管理
● まちなか案内「ウェルカムセンターコンテナーエヌロク」事業
● 北部駐車場運営管理業務
● 調査、事務局業務等の受託事業
● レストえきまえ運営・管理事業

〈표 6〉〈오오테마치 · 마루노우치 · 유라쿠초 지구 지역 매니지먼트 보고서〉의 구성

표지 : '안녕하세요, 다이마루유입니다'
새로운 가치가 창출되는 지역으로.
마을만들기 단체와 행정, JR동일본, 마을만들기를 지탱하는 각종 단체와의 연계
다이마루유에서는 마을만들기 단체를 통해 다양한 활동이 전개되고 있습니다.
 공생하는 지역으로. 기분 좋은 지역으로. 발신하는 지역으로.
 자극이 있는 지역으로. 서로가 이어지는 지역으로.
수치로 보는 다이마루유(그림 30 참조)

다이마루유 지구는 어떤 지역인지, 어떤 활동이 실시되어 왔는지, 그 결과 사무실이 4300개고, 28만 명의 사람들이 일하는 활기 있는 평일과 주말이 어떻게 변하는지, 재해 시 귀가곤란자를 수용할 체제가 어느 정도 구비되어 있는지 등, 이 지역에 지사를 내고 싶어 하는 기업과 이 지역에서 일하고 싶어 하는 사람, 이 지역에서 주말에 유희를 즐기고자 하는 사람들의 마음을 움직일 수 있도록 표현에 힘쓰고 있다. 방문객 등 당사자 입장에서 지역을 표현하고 있다고 말할 수 있다.

부담금제도가 도입될 시의 활동보고서에 필요한 것

지역 매니지먼트 부담금제도 등, 강제력이 있는 징수 제도를 도입할 경우, 지역 매니지먼트 활동을 계속해나가기 위해서는 강제 징수의 대상인 이해관계자만이 아니라, 많은 일반인들에게도 지역 매니지먼트 활동의 효과를 알아보기 쉽게 전달해야 한다. 장래를 바라보고 어떤 지역을 만들 것인가를 알 수 있도록 경우에 따라

[그림 30] 다이마루유 · 마루노우치 · 유라쿠초 지구 지역 매니지먼트 보고서 표지와 숫치로 보는 다이마루유의 일부(제공: 다이마루유 마을만들기 협의회, 에코 츠리아 협회, 리가레)

서는 국제적으로 주목을 모을 수 있는 내용을 지향하는 것이 바람직하다. 보다 적극적인 행정과 다른 지역 매니지먼트 단체와의 연계를 실시하여 지역 방문객과 직장인들에게 의미 있는 활동을 실시하고, 주변 지역과 국내만이 아닌 국제적으로도 사람들을 모으는 자력의 일부를 담당하는 내용을 담아야 할 것이다.

적극적인 활동 보고서를 만들다

적극적인 지역 매니지먼트 활동의 효과를 전달하기 위해 활동 보고서의 내용은 다음과 같이 작성할 필요가 있다.

① 다양한 데이터를 기재한다

지역 매니지먼트 활동 및 그 효과를 명확히 하기 위해서는 활동의 실시내용만이 아니라, 그 활동을 통해서 지역의 현황(지역의 모습)과 지역 내 사람들의 의식이 어떻게 변화했는가에 대해서 명확히 해야 한다.

이를 위해서 지역 매니지먼트 단체는 방문객 등의 설문조사와 보행자 통행료 조사를 동시에 실시하여 방문객 등의 만족도 등의 정성적 데이터와 소비(예정)액 및 통행량의 증가수 등 정량적인 데이터를 수집한다. 이에 맞추어 시정촌 등이 발표하는 데이터를 참조하면서 표와 그래프로 다면적으로 지역의 데이터를 제시하여 이 지역에서 사람들이 어떤 것이 가능한가를 상상하게 할 수 있는 것이 중요하다.

② 알기 쉽게 정보 등을 발신한다

지역 매니지먼트 활동의 다양한 데이터를 많은 사람들이 이해하고 공감을 얻어 당사자 의식을 길러갈 수 있도록 하기 위해서는 사진과 인포그래픽, 픽토그램 등, 눈에 쉽게 띄도록 시각적 수법을 사용하여 이해할 수 있도록 하는 것이 매우 중요하다.

③ 시계열적으로 데이터를 축적하여 소개한다

지역 매니지먼트 활동의 효과는 단기적으로 바라볼 수 없는 것과, 경제적인 효과에 한정하지 않고 다양한 가치를 만들어내기 때문에 다양한 데이터를 시계열적으로 수집하고, 지역 매니지먼트 단체의 활동의 시계열적 기록에 맞추어 보는 것이 가능하도록 활동의 경과와 그 결과를 명시하는 것이 중요하다.

④ 지역 매니지먼트 단체만이 아니라 다양한 단체 · 조직과 연계하여 만든다

활동보고서를 만드는 주체는 지역 매니지먼트 단체다. 그러나 지역의 사업자와 시정촌, 행정조직, 외부의 전문가와 지역 대학 등의 교육기관과 연계하여 데이터의 수집 · 분석, 발신을 실시한다. 지역의 사업자에 대해 데이터 제공을 의뢰하는 것만이 아닌, 활동보고서의 작성을 함께 실시하는 것을 통해 지역 매니지먼트 단체와 지역 사업자의 신뢰관계를 보다 확실히 하게 되는 것이다.

전문가와 대학 등의 연구자가 참가하는 것을 통해 외부의 눈으로 활동보고와 지역 매니지먼트 활동에 대한 평가를 더하는 것에 의해 보고서의 신뢰성이 높아진다. 효율적인 조사수법의 조언과 활동에 대한 새로운 아이디어를 양성할 가능성도 높아져 활동보고서를 읽는 일반 사람들의 공감이 높아지는 것이 기대된다.

2-5

활동의 효과측정에 관한 조사·연구

　최근 지역 매니지먼트 활동에 의해 어느 정도의 경제효과가 있었는가에 대해서 주목도가 높아지고 있다. 효과의 정도를 제시하기 위해서는 지역 매니지먼트 활동과 그 효과가 어느 정도 관련되어 있는가를 이해하는 것이 중요하다. 이 절에서는 지금까지 실시되어 온 사회실험과 학술적인 연구에서 지역 매니지먼트 활동이 지가 등에 미치는 영향과 통행량에 의한 활기 측정에 관한 조사사례를 소개한다.

사회실험의 조사사례

　지역 매니지먼트 활동과 방문객 등의 증가의 관계에 대해서 기존의 지역 매니지먼트 단체의 활동실적으로도 검증되고 있고, 지역 매니지먼트 활동이 보행자 통행량 등의 지표를 통해서 경제효과로 이어지고 있다고 생각될 수 있다. 평상시와 이벤트 시의 보행자 통행량을 비교하여 증가율을 측정하고, 이벤트 개최 시 방문한 사람들에 대한 설문조사를 실시하는 등, 지역의 환경과 이벤트에 대한 만족도가 평가되고 있다. 이들 데이터를 수집하여 축적해 감으로써 지역 매니지먼트 활동이 지속 가능한가를 판단하는 근거가 된다. 사회실험에서는 액티비티(활동량) 조사와 통행량 조사 등 다양한 수법을 조합한 복합적인 평가가 실시되고 있다.

역앞 광장 이용 및 활용의 사회실험[요코하마역 서쪽 출구 중앙역 앞 광장]

요코하마시는 2020년의 JR요코하마 타워의 개업에 맞춰 서쪽 출구 역 앞 광장의 잠정적인 이용을 추진하고 있다. 역 앞 광장을 매력 있는 '지역의 얼굴'로 만들기 위해서 지역 매니지먼트에 의한 이용 및 활용의 방향을 검토하고 있다.

2019년 3월에는 'FUTURE PUBLIC WEEK 지역의 미래의 실험광장'이라 칭한 사회실험이 개최되었다. 사회실험에서는 시민이 요구하는 역 앞에서의 액티비티(이용 및 활용하고자 하는 활동내용)의 확인, 역 앞 광장 이용 및 활용을 위한 규정 만들기의 확인, 활용

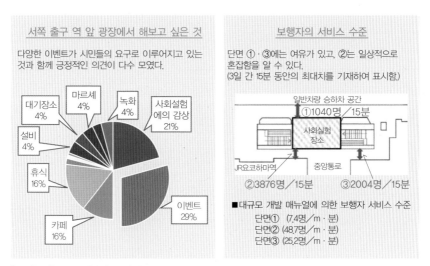

[그림 31] 사회실험의 조사개요(일반 사단법인 요코하마 서쪽 출구 지역 매니지먼트, 에키사이트 지역 매니지먼트 협의회 〈요코하마역 서쪽 출구 사회실험 보고서 개요판, 2019〉에 의해 작성)

지역과 보행자 동신의 확인 등을 목적으로 '설문조사', '액티비티 조사', '보행자 교통량 조사'가 실시되었다(그림 31).

시민 1300명의 목소리를 모아 체류 공간 창출이 시민에게 호의적으로 받아들여진 것을 알 수 있었다. 또한, 다양한 형태의 스트리트퍼니처와 가구에 대한 체류행위(머무름)에 대해서 조사되었다. 조사를 통해 가구의 설치·철거 등의 운영관리방법에 대해 검토가 필요한 것과 보행자 동선을 유지하면서 적절한 공간을 활용할 수 있다는 것이 파악되었다.

다양한 조사를 조합함으로써 사람의 의식·행위를 정량적으로 파악하는 것과 사회실험의 성과를 알기 쉽게 전달하는 것이 가능하다.

보행공간의 사회실험[그랜드 프런트 오사카][11]

오사카시 우메다 지구의 도로점용허가 특례를 받은 그랜드 프런트 오사카에서는 북관 서측 보도공간의 일부를 대상으로 사회실험이 실시되었다. 이 지역은 해당 지구 계단정비의 과도기에 있다는 점에서, 사람들의 통행이 적고 활기가 줄어든 점과 함께 같은 지구의 직장인 등 근린 이용자가 쉽게 식사 등에 이용 가능한 휴게공간이 적은 것이 과제였다. 이를 위해 2017년 10월부터 파라솔 등 9세트(39석)를 설치하여 이용자의 체류와 공간의 활기를 유발하는 '장치'를 도입하였다.

사회실험의 특징은 액티비티의 계절적인 변화를 파악하기 위해 1년간 벤치 등 앉을 만한 기구를 설치하여 그 사용특성을 관찰하는 것(조사기간 2017년 10월-2018년 10월)이다. 사회실험 중에는 이

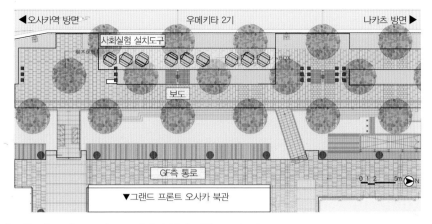

[그림 32] 그랜드 프런트 오사카의 북관 서측 보도공간(도오야 아키호(遠矢 晃穂) 제공 도면을 일부 수정)

벤트를 실시하여 액티비티의 출현효과에 대한 검증도 시도하고 있다. 1년간의 변화에 대해 분석한 결과, 액티비티는 계절적인 요인에 영향을 받는 것을 알 수 있어 여름에 특히 배려가 필요하다는 것이 밝혀졌다. 또한, 이용자 속성을 평일과 휴일을 비교한 결과, 계절에 관계없이 평일에는 남성 1인이나 홀로 이용하는 비율이 높고, 휴일에는 단체 이용 비율이 증가하는 것이 두드려졌다. 또한, 앉을 만한 기구를 1년간 설치함으로써, 재방문자repeater의 등장과 체류공간의 정착효과에 의한 이용자의 증가와 액티비티의 다양화가 보여, 이벤트의 도입 등에 의해 이용자 스스로가 연쇄적으로 다양한 행위를 일으키는 것으로 파악됐다. 사회실험으로 얻어진 데이터를 살려 공공공간의 질 향상을 위한 식견을 축적하고 있다.

지역 매니지먼트의 비용편익분석

지역 매니지먼트 관련 정책을 기획·입안·운용하는 행정에 있어서도, 지역에서 지역 매니지먼트를 추진하는 지역 매니지먼트 단체나 민간기업에 있어서도, 지역 매니지먼트 비용에 대한 편익을 정량적으로 파악하는 것은 중요하다. 여기에서는 지역 매니지먼트의 효과를 측정하는 하나의 수법으로 비용편익분석(헤도닉 분석법, 컨조인트 분석법, 가상가치평가법)을 들어, 각 수법의 설명과 연구사례를 해설하고자 한다.

가와구치川口에 따르면 비용편익분석이란, 주로 '프로젝트의 비용과, 이에 따른 편익의 비교로부터 프로젝트 추진여부를 판단하는 것'이라고 한다.[12] 비용편익분석의 개념은 어카운터빌리티(설명책임)에 크게 관계하고 있다고 말하고 있고, 회사조직만이 아니라 지역 매니지먼트 단체 회원, 지역주민 등에 대한 것이다. 비용편익분석은 편익과 비용을 금액으로 환산하기 때문에 이해하기 쉽고 판단하기 쉽다는 점, 복수의 프로젝트 각각을 비교할 수 있다는 이점이 있다. 그러나 비용과 편익의 추정이 어렵고, 편익을 누가 받는가라는 배분의 공평성이 결여된 설문조사를 실시할 경우에는 질문 설명문과 사용하는 데이터에 따라 편견이 생기는 난점이 존재하는 것에 주의할 필요가 있다.

이들의 분석수법은 주로 환경평가의 분야에서 발전한 연구수법이다. 생물다양성과 생태계 서비스 등의 자연환경은 시장에서 거래되는 가격이 존재하지 않는다. 이 때문에 가치를 돈으로 환산하여 시장가격이 존재하는 별도의 것으로 환산하거나 사람들이 지불하는 의사가격을 묻는 등, 다양한 평가수법이 개발되고 있다. 대

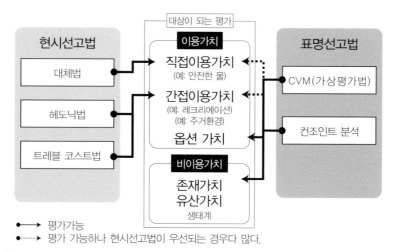

대상이 되는 평가

| 현시선고법 | 이용가치 | 표명선고법 |

대체법 → 직접이용가치
(예: 안전한 물)

헤도닉법 → 간접이용가치
(예: 레크리에이션)
(예: 주거환경)

옵션 가치

CVM (가상평가법)

컨조인트 분석

트레블 코스트법

비이용가치

존재가치
유산가치
생태계

→ 평가가능
⋯⋯→ 평가 가능하나 현시선고법이 우선되는 경우다 많다.

[그림 33] 환경가치와 환경평가수법(栗山浩一 · 柘植隆宏 · 庄子康 《초심자를 위한 환경평가입문》勁草書房(2013)을 바탕으로 필자 편집)

상으로 하는 가치는 사람들이 직접 또는 간접적으로 이용함으로써 얻게 되는 '이용가치', 이용하지 않더라도 그 자연을 지키는 것으로 발생하는 '비非이용가치'로 분류된다. '이용가치'에는 직접이용가치, 간접이용가치, 옵션가치가 있고, '비非이용가치'에는 유산遺産가치, 존재가치가 포함된다.

헤도닉 분석법은 [그림 33]에서 제시하는 '현시선고법顯示選考法'에 속한다. 현시선고법이란 실제 행동에 근거해 분석하는 수법으로, 데이터의 신뢰성은 높으나 비非이용가치를 평가할 수 없는 방법이다. 한편, 가상가치평가법, 컨조인트 분석은 '표명선고법表明選考法'에 속한다. 표명선고법이란 사람들이 표명하는 의견에 근거하여 평가를 실시하기 때문에 비非이용가치도 평가할 수 있다.

헤도닉 분석법

① 수법의 설명

헤도닉 분석법Hedonic Pricing Method이란 부동산가격(주택가격과 지가 등)의 크로스섹션[9] 데이터를 이용하여 그 가치의 차이에서 특정 시설정비와 환경의 가치를 측정하는 수법이다.

이 분석법은 시설의 정비에 의해 사회자본이 높아진 결과, 토지에서의 수익이 증가하여 지가 상승으로 이어지는 자본화capitalization 가설을 배경으로 한다. 환경조건의 차이가 어떻게 지가 등에 반영되는지 관찰하여 이를 바탕으로 환경의 편익을 추정하는 수법이다.

헤도닉 분석법은 마을만들기의 제도와 추진활동의 유효성 검증을 목적으로 이용되고, 몇 건의 선행연구가 존재한다. 지역 매니지먼트 활동이 지가에 긍정적 영향을 미치고 있는 것과 임대차의 계약기간이 길수록 지역 매니지먼트 활동의 비용 대비 효과에 긍정적 영향이 반영되기 힘든 경향이 있는 것 등이 제시되어 있다.

② 연구사례

도시계획과 마을만들기에 관한 연구에서는 이즈미和泉에 의한 시가지 재개발사업 등의 공공사업의 사업평가, 지구계획의 책정의 효과검증[13] 등, 호리保利 연구팀에 의한 특정가구제도를 이용한 용적이전에 의한 역사적 환경보존의 효과분석[14] 등이 있다. 또한 다카高 연구팀에 의한 녹지에의 접근성 등을 포함한 미시적인 주거 환경요소의 효과를 정량화[15]하는 등의 연구도 진행되고 있다.

---

9   어느 시점에서 시간을 멈춰 대상을 평가하는 분석수법이다. 비용편익분석은 시계열적인 분석평가(시계열분석)인지, 크로스섹션에 의한 분석평가인지에 따라서 분석수법이 달라진다.

지역 매니지먼트에 특화한 연구로서 히라야마^{平山}에 의한 지역 매니지먼트가 지가에 가져오는 영향의 메커니즘에 관한 분석이 존재한다. 또한, 히라야마 연구팀은 교토 대학 경영관리대학원 등이 실시한 설문조사[10]를 이용한 헤도닉 분석법에 의한 지역 매니지먼트가 지가에 미치는 영향을 추정하여 정량적인 효과를 도출하고 있다.[16] 조사 분석에 의해 주택지에 대해서는 크로스섹션 분석이냐, 패널 분석이냐에 따라서 다른 결과가 나왔지만, 상업지에 대해서는 모든 분석에서 정비례적 영향이 있는 것으로 밝혀졌다. 또한 상업지에 대해서는 단체 특성을 고려한 분석을 실시한 결과, 활동의 효과가 높다고 판단되는 단체가 있는 지점일수록 지가가 유의적으로 높은 결과를 제시하고 있다. 또한, '가로변 공간과 경관에의 효과'가 지가에 정비례적 영향이 있고, 특히 '마을만들기에 관한 규정·협정', '녹화·미화·청소·자전거 대책', '지정관리 이외의 공공공간의 정비·관리', '소비·매상·비용 등의 효과 개선'(특히, '집객 이벤트', '지정관리', '민간시설의 공적이용 및 활용')은 지가에 정비례적 영향을 주는 것을 알 수 있었다.

또한, 지역 매니지먼트 활동에 있어서 비용 대비 효과의 검증에 대해서도 연구가 진행되고 있다(그림 34). 기타자키^{北崎}는 뉴욕시 플랫아이언 지구 BID를 대상으로 지역 매니지먼트 활동의 효과를 분석하고 있고, BID 내외의 상업 부동산의 임대료를 비교함으

---

10 지역 매니지먼트의 실태와 과제, 시정촌이 강구하고 있는 시책, 지역 매니지먼트의 효과의 파악 등을 목적으로 하여, 2014년 11월부터 2015년 1월에 걸쳐 실시되었다. 대상은 전국의 도시재생 정비계획을 책정한 시정촌 중에 2012년까지 계획이 종료된 지구 등 합계 826개 시정촌(대상지구 1524개 지구)이다. 이 중에 회답 시정촌 수는 746(90.3%)개, 회답 지구수는 1322(86.7%)개였다. 또한, 국토교통성 도시국 마을만들기 추진 및 와카야마 대학 경제학부와 공동으로 실시하였다.

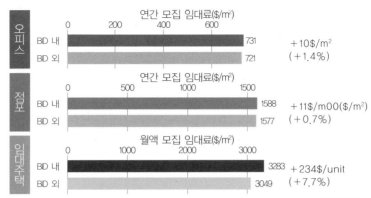

[그림 34] 뉴욕시 플랫아이언 지구 BID의 평균적 물건에 있어서 모집임대 추계치 (2016) 비교(기타자키 도모키, 〈지역 매니지먼트 활동에 있어서 비용대 효과의 검증 - 뉴욕시 플랫 아이언 지구 BID를 대상으로〉《도시계획보고집》 16(2018)을 바탕으로 편집($/sf에서 $/㎡로 변환))

로써 BID 내의 임대증가분이 부담금을 상회하고 있는지를 검증하였다.[17] 오피스와 점포의 일반적인 임대차 계획기간이 15년인 것에 비해 주택의 계획기간은 2년이 일반적이기 때문에 지역 매니지먼트 활동의 효과가 계약갱신별로 현저해짐으로써 임대료 차이가 다른 용도와 비교하여 크다는 것이 제시되었다. 오피스와 점포에 비해 큰 편익을 얻고 있는 임대주택에 부담되는 부담금의 증가가 큰 논점이 될 것이라고 서술하고 있다.

CVM법

① 수법의 설명

CVMContingent Valuation Method란 가상가치평가법이라고도 부르며, 설문조사를 이용하여 사람들이 지불의사비용 등을 묻고 시장에서 거래되지 않는 재원(효과)의 가치를 추정하는 조사방법이다. 존재 가치를 포함한 전체의 가치를 계측할 수 있는 한편, 평가 대상이 지

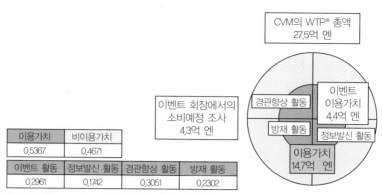

CVM의 WTP※ 총액 27.5억 엔			

이용가치	비이용가치
0.5367	0.4671

이벤트 활동	정보발신 활동	경관향상 활동	방재 활동
0.2961	0.1742	0.3051	0.2302

이벤트 회장에서의 소비예정 조사 4.3억 엔

이벤트 이용가치 4.4억 엔

정보발신 활동

이용가치 14.7억 엔

※ WTP : Willingness to pay(지불의사액 : '이 정도까지라면 지불해도 되겠다'라고 생각하는 금액)

[그림 35] 오사카 우매다역 주변 지역의 CVM 조사결과(〈부담금 가이드라인〉에 의해 작성)

니는 개개의 속성을 개별로 평가하는 것이 어렵고, 샘플을 상당수 확보해야 하는 등, 유의할 점이 많다. 이를 위해 현시점에서는 이 수법을 이용해 지역 매니지먼트의 효과를 측정하고 파악한 학술적 연구는 적다.

② 연구사례

요시다吉田는 2018년 10월에 오사카 우매다역 주변의 5개 지역(한큐 우매다역·차야마치 지역, JR오사카역 주변지역, JR오사카역 남쪽 지역, 니시우매다 지역, 우매키타 지역)을 대상으로 인터넷 설문조사를 실시하여 CVM에 의한 지역 매니지먼트 활동의 평가를 시도하였다. 오사카부에 살고 있는 20~69세의 340명(남여 각 170명)에게 시나리오(환경변화를 기술한 가상적 설명내용)를 제시하고 오카가 우매다역 주변의 지역 매니지먼트 활동에 대하여 지불의사비용을 물었다. 지불의사비용의 총액을 산출한 뒤, 추가적인 설문조사로 이용가치와 비非이용가치를 나누어 활동종류별(이벤트 활동·정보발신활동·방재활동·경관향상활동)의 가치를 산출하였다(그림 35).

컨조인트 분석법

① 수법의 설명

컨조인트 분석Conjoint Analysis이란, 주로 마케팅 리서치 분야에서 개발되어 발전해 온 수법이다. 예를 들어, 사람이 상품을 구입할 시에는 가격만이 아니라, 품질, 성능, 형상 등의 다양한 속성을 조합하는 것을 통해 종합적인 판단을 하고 있다. 컨조인트 분석은 이러한 특성을 분해하여 복수의 다른 속성을 기입한 프로파일을 회답자에 제시하고 이를 바람직한 순서로 나열하거나 선택하게 한다. 이를 통해 평가대상 전체의 가치 평가가 아니라, 평가대상이 지니는 속성별 평가가 가능하다.

② 연구사례

도시 · 마을만들기에 관한 선행연구로서, 예를 들어 도시공원을 대상으로 컨조인트 분석을 이용한 경제적 평가가 실시되고 있다. 다케다武田 연구팀은 주변에 가까운 공원의 가치를 명확히 하기 위해 주변 환경과 피험자 속성과의 관계를 상세하게 분석하여 공원 평가에 영향을 미치는 요인을 탐구하고 있다.[18] 연령별로 비교한 결과, 노년층(60세 이상)은 청장년층(40세 이하)과 비교하여, 효용의 최대치가 현저하게 높은 것을 알 수 있었다. 또한, 청장년층에서는 '어린이들의 놀이에 대한 적합성'에 대한 평가가 높은 것, 노년층은 모든 항목에서 유의성이 높은 평가라는 점을 알 수 있다. 또한, 녹지가 많은 지역보다 녹지가 적은 지역에서 한계 지불의사비용이 높다는 등, 주변 환경과 피험자의 속성에 따라 평가가 다른 것으로 나타났다.

지역 매니지먼트에 특화한 선행연구는 아직 확인되지 않지만,

지역 매니지먼트 활동을 컨조인트 분석으로 평가하는 것을 통해 속성에 따른 비교와 활동의 가치를 산출하는 것이 가능할 것이다. 향후 연구에 기대해 본다.

효과검증을 위한 연구자와 실무자의 공동 작업이 중요

지역 매니지먼트 활동의 경제적 평가를 실시함으로써 지역 수익자가 어떤 활동에 대해서 지불의사비용을 제시하는지를 산출하거나, 지역 매니지먼트 활동의 목적과 기능, 대상이 되는 세대와 속성과의 관계를 분석함으로써 신뢰성 높은 지역 매니지먼트 활동의 효과를 만들어내는 것이 가능하다.

그러나 지역 매니지먼트 활동의 효과측정은 개발도상에 있다. 다양한 조사·분석 결과의 조합을 통한 성과의 가시화, 타 영역에서 이용해온 분석수법을 지역 매니지먼트에 적용하려는 시도가 조금씩 보이기 시작하는 단계라고 말할 수 있다. 지역 내의 수익자를 정하고 수익자로부터 지역 매니지먼트 부담금제도 활용상의 합의를 얻기 위해서는 지역 매니지먼트 활동의 효과를 가능한 한 정량적으로 제시하는 것이 요구된다.

지역 매니지먼트 단체는 재원확보의 과제를 지니고 있고, 효과측정을 위한 자금을 새롭게 확보하기가 어려울 것으로 예상된다. 이에 대학과 기업의 연구자와 지역 매니지먼트를 추진하는 실무자가 공동으로 일본의 지역 매니지먼트 활동을 정량적으로 평가 가능한 수법의 시행착오를 겪으면서 의논·구축해 나가는 것이 중요하다.

제 **3** 장

효과를 내는 조직과
공민 연계의 방향

지역 매니지먼트 단체는 다양한 조직형태를 취하고 있지만 활동내용과 단계에 따라 형태가 다르다. 활동 초기에 지역 비전과 가이드라인 등을 이야기할 때는 임의단체인 '협의회' 형식을 취하는 경우가 많지만, 비용을 수반하는 사업단계에는 법인격을 가진 조직형태가 필요하게 된다. 특히 재원 확보를 위한 수익사업을 하게 되면 법인격을 가진 조직도 사업의 유연성·기동성과 과세부담의 경감이라는 상반된 측면에서 조직형태의 검토가 필요하다. 유연한 활동을 하기에는 일반 사단법인이나 주식회사가 적절하지만, 법인과세 등의 측면에서는 공익 재단법인·사단법인 및 인정 NPO 법인이 더 효과적이다.

지역 내의 협의회와 사단법인이 병존하기도 하고, 활동목적에 따라 중층으로 조직이 구축된 경우도 있다. 이 경우 지역과 회원 구성이 다소 다를 수 있기 때문에 활용을 고려한 조직형태의 선택도 필요하다. 각각의 조직형태마다 대상이 되는 조직의 요건이 정해져 있기 때문이다.

또한 지역단위의 조직에 그치지 않고, 복수의 지역 매니지먼트 단체의 연계가 이루어지기 시작하고 있다.

지역별로 보면 경쟁관계에 있더라도 연계하여 활동하는 것이 좋을 수도 있다는 인식이 근저에 깔려 있다. 행정에 대한 기대 활동 및 시민에 대한 계몽 활동, 대외적인 프로모션 등이 있다.

지역 매니지먼트는 '새로운 공공'의 측면도 있으며, 활동의 효율화와 이를 충실히 실현하기 위해서는 공공과 민관의 연계가 필수적이다. 특히 지역 매니지먼트를 담당하는 행정창구를 일원화하는 '공공'의 지원 강화는 많은 지역 매니지먼트 단체의 바람이다.

행정의 유도와 지원하에서 발족한 지역 매니지먼트 단체도 있고, 민간이 자발적으로 설립하여 활동을 추진하는 과정에서 행정에게 협조를 구하게 되는 경우도 있다.

도로·공원·하천 등의 공공공간의 이용 및 활용의 연계와 특히 새롭게 정비된 공공공간이 최대 효용을 발휘하기 위해서는 지역 매니지먼트 단체가 필요하게 되었다. 행정투자·민간투자의 효과를 올리는 것이 가능하기 때문이다. 또한 이외에도 관광, 경관형성, 지방창생 등에서도 양자의 연계는 불가피하다.

앞으로 마을만들기 및 지역활성화에 지역 매니지먼트가 중심이 되어 공공과 민간의 연계를 추진하는 것은 필수요소다.

3-1

효과를 내는 조직의 바람직한 방향

지역 매니지먼트 단체는 활동내용과 목적, 활동지역, 참가회원, 그리고 활동단계에 따라 임의단체, 사단법인, NPO 법인, 주식회사 등의 다양한 조직형태를 가진다. 앞에서 설명한 바와 같이 법인과세 등의 적용은 조직형태에 따라 다르다는 것도 고려해야 한다. 또한 국가 및 지자체의 지원을 받을 수 있는 구조도 만들어져 있기 때문에 이러한 활동도 고려해야 한다.

지역 매니지먼트 단체의 조직형태

조직형태의 선택

지역 매니지먼트 단체는 유연한 조직이다. 기본적으로 임의참가이며, 지역의 가치를 높이기 위한 제반 활동의 추진을 목적으로 설립되었다. 총체적이고 폭넓게 지역의 가치를 높이는 것이 목적인 조직도 있으며, 관광 및 산업진흥 등을 목적으로 하는 것도 있다. 구성원도 지역 내의 토지소유자가 중심이 되는 조직과 권리에 관계없이 지역 내의 주민 및 사업자가 중심이 되는 경우도 있다.

재개발 등 신규 개발된 지역에서는 대다수의 관계권리자 등을 포함하여 설립된 조직과 기성시가지에서 뜻있는 사람과 기업이 중심이 되어 설립된 조직, 그리고 신규 개발지구와 기성 시가지가 혼합된 것도 있다. 당해 지역의 가치를 높이는 제반 활동을 협력하여 추진하기 위한 유대 및 신뢰관계를 기본으로 하고 있다.

예를 들면, 롯폰기힐즈의 지역 매니지먼트(타운매니지먼트)에서는 2003년에 준공한 시가지 재개발사업구역 내의 권리자와 관리조합 전체가 참가하는 롯폰기힐즈 협의회가 설립되었고, 통일 관

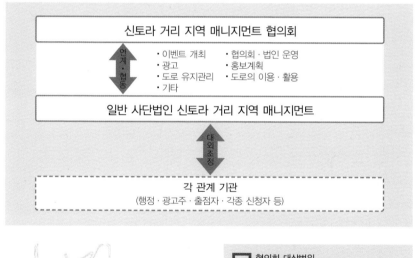

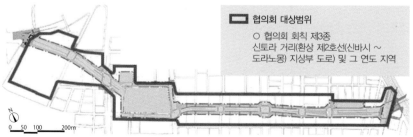

[그림 1] 신토라 거리의 지역 매니지먼트 조직의 개요(신토라 지역 매니지먼트 홈페이지 자료로 작성)

리자인 모리빌딩 주식회사에게 업무를 위탁하여 관리하고 있다. 그중 하나는 연말에 많은 사람들이 모여 롯폰기 게야키사가 거리의 크리스마스 이벤트인 일루미네이션 등에 배너 깃발과 포스터 등 롯폰기힐즈 전체의 이미지를 통일하여 사업이 진행되고 있다.

한편으로 신토라 거리新虎通り의 지역 매니지먼트는 2014년의 도라노몽힐즈 완성 후에 개발구역을 포함한 신토라 거리(환상 2호선)

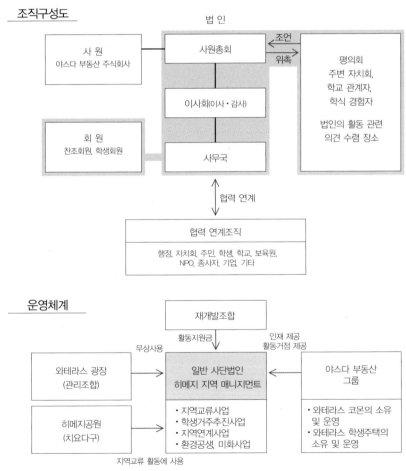

[그림 2] 히메지 지역 매니지먼트 구조(히메지 지역 매니지먼트 핸드북 자료로 작성)

주변지역의 토지소유자 등이 임의단체인 신토라 거리 지역 매니지먼트 협의회를 만들어 지역 비전을 공유하고 있다. 2015년에는 별도의 일반 사단법인 신토라 거리 지역 매니지먼트를 설립하여 이벤트 등의 사업을 추진하고 있지만, 참가자는 지역의 토지소유자 등 일부다.

또한 간다 히메지초 지구에서는 2013년에 히메지초 2초메 제1종 시가지재개발사업(와테라스)의 준공과 연계하여 주변지역을 포함하여 일반 사단법인 히메지 지역 매니지먼트를 설립하였다.

법인격을 가진 조직형태의 선택

지역 매니지먼트 단체의 조직형태는 다양하다. 법인격을 갖추지 않은 임의의 협의회에서 법인격을 갖춘 일반 사단법인, NPO 법인, 주식회사 등 광범위하다. 임의단체가 가이드라인을 책정하기도 하고, 이벤트를 실시하는 경우도 있다. 하지만 계약을 체결하여 자금을 출납할 경우에는 단체에 권리의무가 귀속되지 않기 때문에 이사장 명의로 되어 있거나 사무국을 맡고 있는 법인명의로 될 수밖에 없다. 행정의 보조금도 임의단체에는 교부하기 쉽지 않은 면도 있다. 여기에서 협의회 조직을 기본으로 실행조직으로서 일반 사단법인을 만드는 사례가 증가하고 있다.

예를 들면, 다이마루유 지구에서는 다양한 조직형태가 변천해오고 있다.

1988년에 임의단체인 오오테마치 · 마루노우치 · 유라쿠초 지구 재개발계획추진협의회(2012년에 일반 사단법인 오오테마치 · 마루노우치 · 유라쿠초 지구 마을만들기 협의회로 조직 변경)를 만들었고, 이

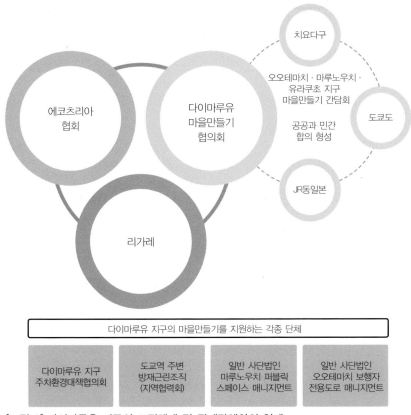

치요다구

오오테마치 · 마루노우치 ·
유라쿠초 지구
마을만들기 간담회

도쿄도

공공과 민간
합의 형성

에코츠리아
협회

다이마루유
마을만들기
협의회

JR동일본

리가레

다이마루유 지구의 마을만들기를 지원하는 각종 단체

| 다이마루유 지구
주차환경대책협의회 | 도쿄역 주변
방재근린조직
(지역협력회) | 일반 사단법인
마루노우치 퍼블릭
스페이스 매니지먼트 | 일반 사단법인
오오테마치 보행자
전용도로 매니지먼트 |

[그림 3] 다이마루유 지구의 조직체계 및 관계단체와의 연계(일반 사단법인 오오테마치 · 마루노우치 · 유라쿠초 지구 마을만들기 협의회 홈페이지 자료로 작성)

후 2002년에 NPO 법인 다이마루유 지역 매니지먼트 협회(리가레)를 설립하였다. 그리고 2007년에 환경공생형 마을만들기를 추진하기 위하여 일반 사단법인 다이마루 환경공생형 마을만들기 추진협회(에코 츠리아)를 별도로 설립하였다.

신토라 거리와 같은 형태로 다케시바 지구에서의 지역 매니지먼트는 먼저 협의회 조직인 다케시바 지구 마을만들기 협의회를 만들어 방침 및 비전을 책정하였고, 실행조직으로서 일반 사단법

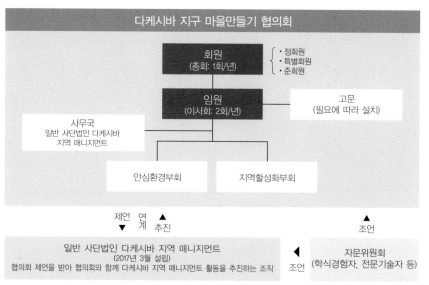

[그림 4] 다케시바 지구의 지역 매니지먼트 추진체제(다케시바 마을만들기 협의회 홈페이지 자료로 작성)

인 다케시바 지역 매니지먼트를 설립하였다.

조직형태의 선택과 과세

지역 매니지먼트 단체의 조직형태는 활동이 진화하는 단계에 따라 활동에 맞게 선택하는 것이 일반적이다. 너무 많은 비용을 들이지 않고 비전과 가이드라인을 책정하는 단계는 임의의 협의회 조직으로 대응이 가능하지만, 사업단계가 되면 법인격을 가진 사단법인, 주식회사 등의 조직형태가 필요하게 된다.

그리고 점차 비용이 발생되는 이벤트와 같은 사업을 추진하게 되면 공익적인 활동과 아울러 '수익사업'을 실시하고, 자구노력으로 적게나마 활동재원을 충당할 필요가 생긴다. 이때 수익사업과 관련된 법인세를 경감 받으려면 앞에서 설명한 바와 같이 공익 사단법인·공익 재단법인·인정 NPO 법인의 조직형태를 선택하지 않을 수 없다. 그러나 이러한 조직형태를 선택하기란 현실적으로 쉽지 않다. 조직형태로서 주식회사를 선택하고, 매년 손익의 균형을 고려하여 수익에 맞는 범위에서 공익적 활동을 하는 것도 고려할 수 있다.

현실에서는 기부자에게 세제상의 우대조치가 있는 '간주 기부금제도' 적용이 가능한 '인정 NPO 법인'을 선택하거나, 이러한 우대조치는 없지만 단체가 기부금을 받더라도 원칙적으로 과세대상이 되지 않는 '비영리형 일반 사단법인'을 지향하는 것이 일반적이다.

지역 매니지먼트 단체의 활동을 지원하는 제도

지역 매니지먼트 단체의 다양한 활동을 지원해야 할 정부 및 지자체에서 법률·조례 등에 근거한 제반제도들이 만들어져 있다.

지역 매니지먼트 단체는 각 제도의 내용 및 장점을 잘 이해한 다음에 활용하는 것이 바람직하다. 이를 위해서는 제도가 적용되어 사용하기 쉽도록 진화되어야 한다.

도시재생 추진 법인

도시재생 추진 법인은 도시재생특별조치법에 근거하여 지역의 마을만들기를 담당하는 법인으로서 시정촌(기초지자체)이 지정하는 것이다. 2018년 12월 말까지 50개 단체가 지정되어 있다.

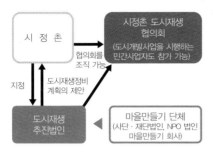

도시재생 추진 법인의 장점
· 마을만들기의 담당자로서, 공적 위치를 부여
· 시정촌에 도시재생정비계획의 제안 가능
· 도시 편의 증진 협정의 체결이 가능

실시하는 사업 이미지
· 오픈 카페
· 자전거 공동 이용 사업
· 광고탑 등의 정비사업
· 가로경관 미화청소 활동
· 보행자천국 등에서의
  이벤트 개최

오픈 카페

[그림 5] 도시재생 추진 법인의 관계도(국토교통성 홈페이지 자료로 작성)

도시재생 추진 법인이 되는 법인은 ① 마을만들기 회사, ② NPO 법인, ③ 일반 사단법인(공익 사단법인을 포함), ④ 일반 재단법인(공익 재단법인을 포함)이다.

도시재생 추진 법인의 장점은 도시재생특별조치법에 근거한 공적인 위치가 부여되고, 주로 다음과 같은 활동이 가능하다.

① 도시재생정비계획의 제안: 도시재생정비계획의 작성 및 변경을 시정촌에 제안할 수 있다. 도시재생 추진 법인이 실시하려고 하는 사업을 도시재생 추진 법인의 발의로 공적인 계획인 도시재생정비계획에 반영하는 것이 가능하며, 원활한 사업추진으로 이어진다.

② 도시계획 결정 등의 제안: 자기의 업무로서 공공시설의 정비 등을 적절히 추진하기 위해 필요한 도시계획의 변경을 시정촌에 제안할 수 있다.

③ 도시 편의 증진 협정에 참여: 토지소유자 등과 함께 도시의 매력을 높이기 위한 시설의 정비 및 관리에 관한 협정을 체

결할 수 있다.

④ 저미 이용 토지이용 촉진 협정에 참여: 저미 이용 토지의 소
유자와 협정을 체결하여 도시재생정비계획에 기재된 거주자
등 이용시설의 정비·관리를 실시할 수 있다.

⑤ 이전적지 등 관리협정에 참여: 입지 적정화 계획에 기재된 이
전적지 등 관리구역 내에서 이전적지의 소유자 등과 관리협
정을 체결하고, 해당 이전적지 등의 관리를 추진할 수 있다.

⑥ 시정촌 및 국가 등의 지원: 시정촌 및 국가 등으로부터 적극
적인 지원(정보의 제공 및 조언)을 받을 수 있다.

⑦ 토지양도 관련 세제 우대: 도시재생 추진 법인에 토지를 양
도한 개인·법인에 대하여 일정 조건하에 양도소득 관련 세

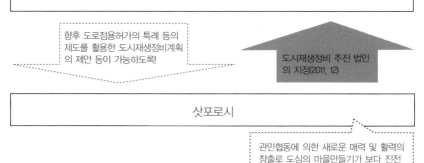

[그림 6] 삿포로 오도오리 마을만들기 주식회사의 사례(그림 5와 동일)

제 우대가 있다.

⑧ 지역 매니지먼트 융자: 지역 매니지먼트 융자의 융자대상이 된다.

⑨ 민간 마을만들기 활동 촉진사업의 지원: 도시재생 추진 법인이 주체가 된 마을만들기 계획·협정에 근거한 기반정비 등에 대한 보조제도가 있다.

⑩ 민간 도시개발 추진 기구의 지원: 마을만들기 펀드 지원사업 중 클라우드펀딩 활용형 지원의 경우에 도시재생 추진 법인이 마을만들기 펀드의 조성 주체가 될 수 있다.

위에서 설명한 것 이외에도 장점은 늘어나고 있으며 시정촌이 공적으로 지정함으로써 시정촌은 지역의 마을만들기 담당자로서 적극적인 지원이 가능하게 된다.

[그림 6]은 도시재생 추진 법인 지정 제1호인 삿포로오도오리 마을만들기 주식회사의 사례다.

도로 협력 단체

도로 협력 단체 제도는 도로공간을 이용 또는 활용하는 민간단체와 도로관리자가 연계하여 도로의 관리를 보다 충실히 하는 것을 목적으로 2016년 도로법 개정으로 창설된 제도다.

지역 매니지먼트 단체를 비롯한 민간단체가 도로공간을 활용한 활동에 필요한 수요에 근거한 활력을 도로관리의 적정화·충실과 도로공간의 활용 추진에 활용하는 것으로서 단체의 신청에 근거하여 도로관리자가 심사·지정하는 것이다.

단체가 업무를 수행함에 있어 도로점용이 필요한 경우 절차가 원활하고 유연하게 진행된다.

2019년 1월 말에 직할국도에 대해서는 32개 단체가 지정되었다.

일반 사단법인 요코하마 서쪽출구 지역 매니지먼트는 요코하마 역 서쪽출구의 시도市道에서 업무를 하고 있는 도로 협력 단체로 요코하마시로부터 지정을 받았다(2018년 8월). 지역 매니지먼트 활동

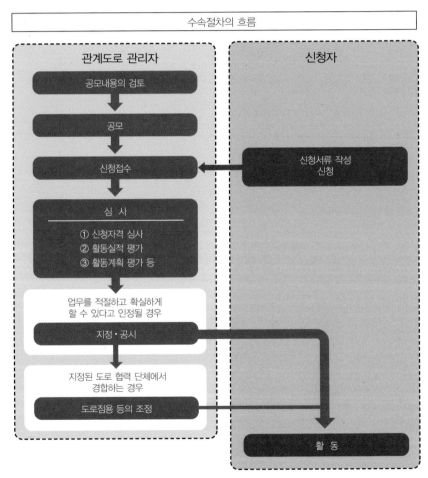

[그림 7] 도로 협력 단체 수속절차의 흐름(그림 5와 동일)

의 일환으로 도로의 공사·유지, 안전 및 원활한 도로교통의 확보, 도로 통행자·이용자의 편의 증진에 기여하는 공작물·물건의 설치관리 등을 하고 있다.

지역방문자 등 편의 증진활동 실시 단체

2018년의 지역재생법의 개정으로 지역재생 지역 매니지먼트 부담금제도가 도입되었지만, 이 제도의 적용을 받는 지역 매니지먼트 단체가 법률상 '지역방문자 등 편의증진 활동 실시단체'다. 이 단체가 지역방문자 등 편의증진 활동계획을 작성하고, 시정촌의 인정을 받으면 해당 시정촌의 조례에 근거하여 시정촌이 수익사업자로부터 부담금을 징수할 수 있게 된다.

이 단체는 ① 특정 비영리활동 법인, ② 일반 사단법인 혹은 일반 재단법인, 기타 영리를 목적으로 하지 않는 법인, ③ 지역재생의 추진을 도모하는 활동을 목적으로 설립된 회사일 것이 요구된다.

조례 및 요강에서의 법인의 위치

지자체에서는 지역 매니지먼트를 포함한 다양한 마을만들기를 추진하는 단체를 조례 및 요강 등에서 정하고 있으며, 그 활동이 정당하다고 인정됨과 동시에 지원하고 있다. 이와 관련된 몇 가지 사례를 소개한다.

① '가마쿠라 마을만들기 조례'의 '마을만들기 시민단체'

조례에서 정한 요건에 해당하는 단체를 '마을만들기 시민단체'로 정의하고, 이 단체가 '자주 마을만들기 계획'을 시장에게 제안

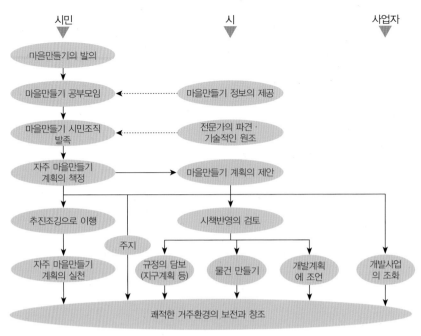

[그림 8] 가마쿠라시의 자주 마을만들기 계획의 흐름(가마쿠라시 홈페이지 자료로 작성)

하기도 하고, '자주 마을만들기 협정'의 체결을 시장에게 요구할
수도 있다. 단체의 요건으로는 일정 지구의 주민 대다수가 구성되
어 있을 것, 그 활동이 주민 대다수의 지지를 얻고 있다고 인정되
는 것 등으로 규정되어 있다.

  ② '오다와라 마을만들기 규정 형성 촉진 조례'의 '지구 마을만들
     기 기준 형성 협의회'

  시에 등록되어 있는 '마을만들기 프로듀서'가 대표를 수행하고,
일정 지구의 토지소유자의 2분의 1 이상이 구성원으로 되어 있는
등의 요건하에 시장이 '지구 마을만들기 기준 형성 협의회'를 인정
하는 제도가 조례로 정해져 있다. 협의회는 '지구 마을만들기 기
준'을 책정하여 시장의 인정을 받아 지구의 규정을 만들 수 있다.

〈표 1〉 가마쿠라잔 자치회의 자주 마을만들기 계획

마을만들기 시민단체 명칭		가마쿠라잔 자치회
자주 마을만들기 계획을 시에 제안한 날		2000년 4월 11일
계획위치		가마쿠라잔 1초메(일부 제외), 2초메, 3초메, 4초메
도시계획 내용	풍치지구	풍치지구 내(일부 풍치지구 외)
	종별	시가화 조정구역(일부, 제1종 저층주거전용지역)
	용적률/건폐율	80/40
자주 마을 만들기계획 의 주요내 용(토지이 용규제 관 련 내용)	용도	단독 전용주택
	높이 규제	높이는 8m 이내 부지가 경사지일 경우, 건물이 접하는 지반의 가장 낮은 곳에서 건물의 가장 높은 곳까지로 한다. 인공적으로 건설한 지반의 밑에는 거주 공간을 건설할 수 없다.
	부지면적의 최저한도	부지의 분할 : 200㎡(약 60평) 이상
	벽면 후퇴	건축물과 인접한 토지경계와의 거리 : 1m 이상
		건축물과 도로와의 거리 : 1.5m 이상
기타		지구의 상징인 벚꽃나무의 보존과 육성에 노력한다.

(그림 8과 동일)

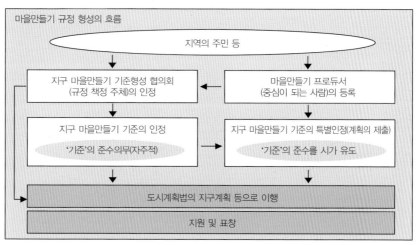

[그림 9] 오다와라시 마을만들기 규정 형성촉진 조례의 개요(오다와라시 홈페이지 자료로 작성)

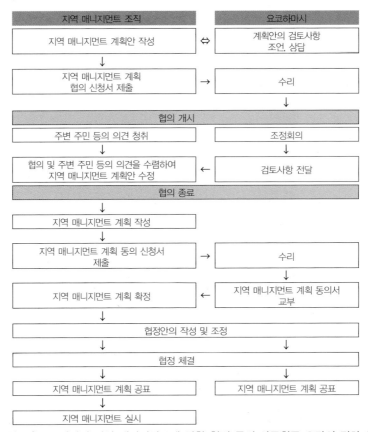

[그림 10] 요코하마시 지역 매니지먼트에 관한 협정 등의 사무취급 요강의 절차 흐름(요코하마시 홈페이지 자료로 작성)

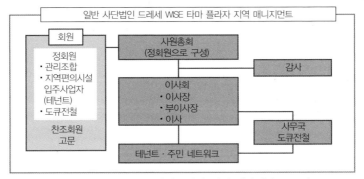

[그림 11] 요코하마시 드레세 우츠쿠시가오카의 지역 매니지먼트 조직도(그림 10과 동일)

③ '요코하마시 지역 매니지먼트에 관한 협정 등의 사무취급 요강'

요강에 근거하여 '지역 매니지먼트 조직'이 '지역 매니지먼트 계획'을 책정하여 시장의 동의를 얻는 것이 가능하다. 동의를 받은 계획은 시에 등록·공표되어 지역 매니지먼트 조직은 계획의 실현을 위하여 시와 협정을 체결하는 것이 가능하다.

④ '도쿄의 세련된 가로경관 추진조례'의 '마을만들기 단체'

조례에 근거하여 '마을만들기 단체 등록제도'에 의해 등록된 단체는 일정의 도시개발사업 등으로 새로 만들어진 공개공지 등을 활용하여 '활력 창출 활동'을 추진할 수 있다(《도시의 가치를 높이는 지역 매니지먼트》 194-197쪽 참조).

마을만들기 단체는 NPO 법인, 일반 사단법인, 주식회사 등 법인격을 가진 단체여야 한다.

지역 매니지먼트 단체의 중층성

지역 매니지먼트는 그 활동의 목적과 내용 그리고 단계에 따라 다양한 조직형태를 선택한다. 앞에서 설명한 바와 같이 초기 단계는 법인격을 갖추지 않은 느슨한 '협의회' 조직을 취하며, 사업단계가 되면 그 실행조직으로 '일반 사단법인'을 새로 만드는 사례가 많다(예: 신토라 거리 지구, 다케시바 지구).

넓은 범위의 지역을 대상으로 협의회를 새로 만들어 지역 내 특정지역에서 법인을 조직하는 경우도 있으며, 협의회 조직이 법인 조직으로 이행하는 곳도 있다. 오사카시의 미도스지 마을만들기 네트워크는 2017년에 임의의 지역 매니지먼트 단체에서 일반 사

단법인으로 이행하여 활력만들
기 등의 활동을 강화하고 있다.

같은 지역에서 목적별로 조
직을 만드는 경우도 있다(예 :
다이마루유의 리가레와 에코 츠리
아 등, 157쪽 참조)

최근에는 지역 매니지먼트
조직 간의 연계가 폭넓게 이
루어지고 있다. 오사카시에서
는 2017년에 시내에서 활동하
고 있는 지역 매니지먼트 조직
과 오사카시는 '오사카 지역 매
니지먼트 활성화 회의'를 설치
하였다.

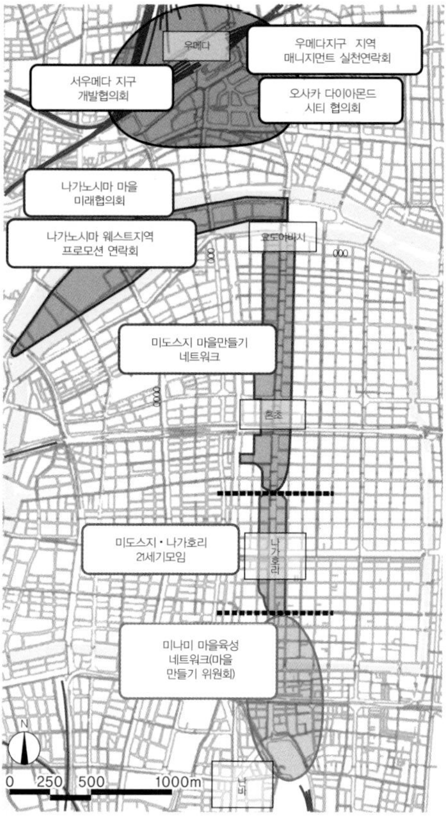

2009년에는 우메다 지구에서
일반 사단법인 그랜드 프런트
오사카 TMO와 서일본여객철도
주식회사, 한큐 전철주식회사,
한신 전기철도주식회사가 '우

[그림 12] 오사카 지역 매니지먼트 활성화회의
(오사카시 홈페이지 자료로 작성)

메다 지구 지역 매니지먼트 실천 연락회'를 만들어 지역 전체의 가
치를 높이는 활동을 하고 있다.

더 넓은 범위로 말하자면, 2016년에 발족한 '전국 지역 매니지
먼트 네트워크'는 지역 매니지먼트 단체의 전국적인 연계조직이
다(2019년 10월까지 43개 단체 가입). 일본 전역의 지역 매니지먼트
조직 그 자체의 가치를 높이고 활동 전체를 추진하는 큰 원동력

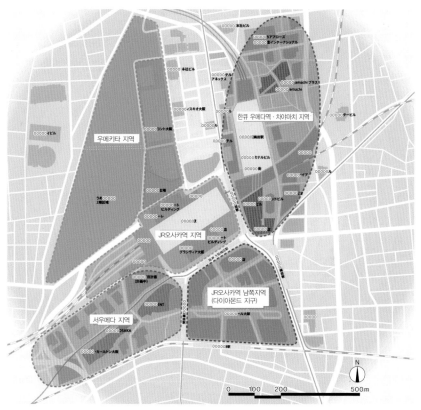

[그림 13] 우메다 지구 지역 매니지먼트 실천연락회 활동지역(제공 : 우메다 지구 지역 매니지먼트 실천연락회)

이 되고 있다. 또한 목적을 좁힌 지역 매니지먼트라고 할 수 있는 DMO^(Destination Management/Marketing Organization)는 도쿄 도심지구에서 MICE 유치를 위해 대외적으로 협력하고 프로모션 등을 추진하는 '(가칭) 도쿄 지역 MICE 네트워크'라는 새로운 연계조직이 롯폰기 · 도라 노몽 · 다이마루유 · 다케시바 등을 중심으로 설립을 준비하고 있다.

〈표 2〉 전국 지역 매니지민트 네트워크의 회원내역

종 별		단체수
정회원	지역 매니지먼트 단체(기업회원 중심)	4
	지역 매니지먼트 단체(지역 중심)	39
	법인	20
	개인	44
	정회원 소계	107
일반찬조회원		17
옵서버		27
합계		151

정회원 단체 일람

단체명	단체명
우메다 지구 지역 매니지먼트 실천연락회	나가노시마 마을미래 협의회
일반 사단법인 오오테마치 · 마루노우치 · 유라쿠초 지구 마을만들기 협의회	나가하마 마을만들기 주식회사
	나고야역 지구 마을만들기 협의회
일반 사단법인 시부야역 지역 매니지먼트	나고야역 다이코 거리 마을만들기 협의회
NPO 법인 다이마루유 지역 매니지먼트 협회	니시키2초메 마을만들기 협의회
아키하바라 타운매니지먼트 주식회사	하카타 마을만들기 추진 협의회
일반 사단법인 아라이 타운매니지먼트	하마마츠 도심 매니지먼트 주식회사
일반 사단법인 히메지 지역 매니지먼트	히로코우지 센트럴 지역 활성화 협의회
일반 사단법인 오사카 비즈니스 파크 협의회	히로시마역 주변 지구 마을만들기 협의회
에키키타 마을만들기 협회	후타코 다마가와 지역 매니지먼트
가라스마루 거리 마을만들기 협의회	주식회사 후지 시민 플라자
사카에히가시 마을만들기 협의회	마을만들기 후쿠이 주식회사
사사시마 라이프 24 마을만들기 협의회	NPO 법인 미도스지 · 나가호리 21세기 모임
삿포로 역 앞 도로 마을만들기 주식회사	일반 사단법인 미도스지 마을만들기 네트워크
일반 사단법인 신토라 거리 지역 매니지먼트	미나미 마을육성 네트워크
센다이역 동쪽 지역 매니지먼트 협의회	미나티 미도스지 모임
일반 사단법인 토노 미래 만들기 대학	메이역 남쪽지구 마을만들기 협의회
일반 사단법인 다케시바 지역 매니지먼트	요코하마역 서쪽출구 진흥협의회
지바시 중심시가지 마을만들기 협의회	일반 사단법인 요코하마 미나토미라이21
데포 아일랜드 거리 모임	NPO 법인 KAO 모임
일반 사단법인 드레세 WISE 다마 플라자 지역 매니지먼트	일반 사단법인 TCCM(도요타시티센터 매니지먼트)
특정 비영리활동 법인과 토메 타운넷	We Love 덴진 협의회

(누락)

3-2

효과를 높이는 공공과 민간의 연계 방향

　지역 매니지먼트 활동은 민간이 주체라는 인식이 강하지만, 지역 매니지먼트의 활동내용은 공공성이 높은 것이 많기 때문에 행정은 그 활동을 지원하여 공공과 민간의 연계로 진행해 갈 필요가 있다. 행정의 공공투자를 지역 매니지먼트 단체의 활동이 활용하고, 그 결과 지역의 가치가 상승하여 세수 확대로 연결되며, 시민에게 피드백되는 선순환을 만드는 구조로서 공공과 민간의 연계도 중요하다.

민간 마을만들기를 후원하는 행정조직으로 변하다

공공과 민간의 연계 마을만들기의 흐름

　일본의 지역 매니지먼트의 대부분은 대도시 중심부에서 지역의 유력한 민간 기업이 중심이 되어 추진해 왔다. 또한 지방도시에서도 중심부의 상업활동의 일환으로 민간이 추진하는 것이라는 인식이 강하였다. 이 때문에 시정촌 등의 행정과의 관계는 지역 매니지먼트 활동 중에서 도로공간 공개공지공간, 수변공간, 공원공간 등의 활용의 인허가에 한정된 것이 많았다.

최근, 이러한 활동을 담당하는 지역 매니지먼트 단체의 사람들은 지역의 활력 만들기를 추진하여 지역의 활성화와 연계되는 활동을 하고 있다. 해외에서는 이러한 활동과 관련하여 행정이 관여하여 지원하는 사례가 많이 나타나고 있다.

또한 일본의 지역 매니지먼트 단체는 지역의 안정성을 강하게 인식하여 방범활동, 방재 및 재해 저감활동, 그리고 환경 및 에너지 문제에 대해서도 적극적으로 관여하고 있다. 이러한 활동은 공익성, 공공성이 높고 지역의 과제해결에 관련되어 있다고 해도 과언이 아니다. 지역 매니지먼트 단체와 행정의 공공과 민간의 연계는 반드시 필요하다.

민간 마을만들기를 후원하는 행정의 대응

공공과 민간 연계 마을만들기를 어떻게 시작하여 누가 선도할 것인가는 지역의 상황 및 대응 활동에 따라 변화해 왔다. 공공과 민간 연계의 마을만들기가 확산되어 지속성을 가지는 것은 지역 매니지먼트가 주체적으로 자유롭게 활동하고, 시정촌은 이를 후원하면서 연계하는 것이 바람직하다.

민간의 지역 매니지먼트 단체의 지역 매니지먼트 활동에서 공공공간 등을 활용할 경우 행정 담당의 응원 여부에 따라 그 결과는 명확하게 다르게 나타난다. 행정의 담당부서가 이러한 마을만들기에 원활하게 대응하고 있는 사례를 다음과 같이 정리하였다.

① 지역 매니지먼트 담당부서의 설치(오사카시)

오사카시는 마을만들기 활동의 초기 단계부터 지역 매니지먼트 단체의 지원까지 행정 절차 등의 상담 · 지원 및 조성, 전국 최초

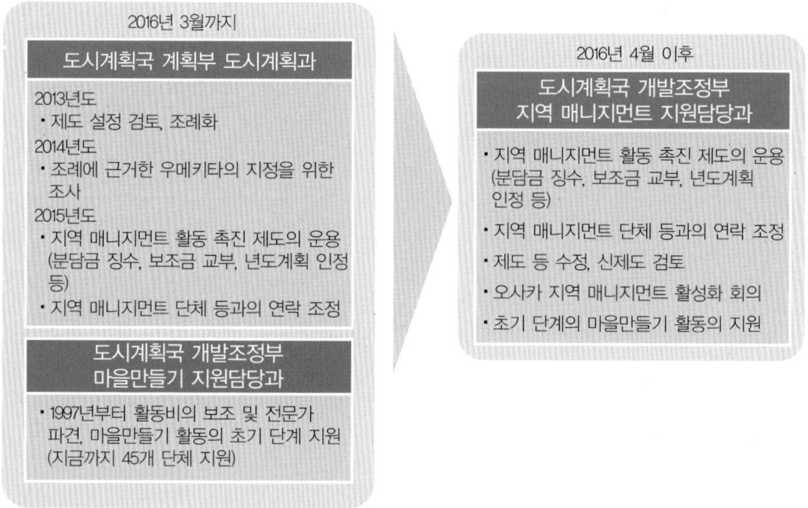

2016년 3월까지

도시계획국 계획부 도시계획과

2013년도
· 제도 설정 검토, 조례화
2014년도
· 조례에 근거한 우메키타의 지정을 위한 조사
2015년도
· 지역 매니지먼트 활동 촉진 제도의 운용 (분담금 징수, 보조금 교부, 년도계획 인정 등)
· 지역 매니지먼트 단체 등과의 연락 조정

도시계획국 개발조정부 마을만들기 지원담당과

· 1997년부터 활동비의 보조 및 전문가 파견, 마을만들기 활동의 초기 단계 지원 (지금까지 45개 단체 지원)

2016년 4월 이후

도시계획국 개발조정부 지역 매니지먼트 지원담당과

· 지역 매니지먼트 활동 촉진 제도의 운용 (분담금 징수, 보조금 교부, 년도계획 인정 등)
· 지역 매니지먼트 단체 등과의 연락 조정
· 제도 등 수정, 신제도 검토
· 오사카 지역 매니지먼트 활성화 회의
· 초기 단계의 마을만들기 활동의 지원

[그림 14] 오사카시의 지역 매니지먼트 담당부서의 설치('모리기념재단 2018년도 제1회 지역 매니지먼트 제도 소위원회 자료', 다나카 다카시(高田孝)(오사카시 도시계획국 지역 매니지먼트 지원 담당과장)의 제공 자료로 작성)

의 오사카판 BID 제도를 도시 전체에서 추진하기 위하여 일원화된 창구를 2016년 4월 도시계획국 개발조정부에 '지역 매니지먼트 지원담당과'를 설치하였다.

2016년 3월까지는 도시계획국 내에 계획부 도시계획과 1개가 있었는데, 2014년 '지역 매니지먼트 활동 촉진 제도(오사카판 BID 제도)'를 창설하여 2015년부터 우메키타 선행개발구역에 적용하였다. 또 1개는 도시계획국 내에 개발조정부 마을만들기 지원담당과로서 1996년부터 2016년 3월까지 45개의 마을만들기 단체에 마을만들기 활동 초기 단계에 활동비 조성 및 전문가 파견 등을 지원해 왔다.

2016년 4월에는 이 2개 조직이 통합되어 지역 매니지먼트 지원담당과가 신설되었다. 도시의 매력 향상을 지역과 함께 생각하고 시원하는 체제를 강화하여 지역의 다양한 요구에 대응한 폭넓은 전개를 실시할 수 있도록 하였으며, 마을만들기에 관련된 복수의 행정절차를 원스톱 상담창구로 일원화하였다.

② 도심의 마을만들기를 종합적으로 전개하기 위한 창구조직의
　 설치(삿포로시)

삿포로시는 도심지역의 마을만들기를 종합적으로 소관·조정하는 조직인 '도심 마을만들기 추진실'을 2002년에 설치하였다(이후 기능 확장). 지역 내에서 민간주체가 프로젝트(지역 매니지먼트·개발사업)의 지원·조정 창구의 역할도 담당한다.

삿포로시가 추진실을 설치한 배경에는 시의 장기전망에서 장래의 인구감소를 예견하면서 시가지의 확대를 억제하고 기존 도시기반을 활용한 도심지역을 중심으로 한 콤팩트한 마을만들기로의 전환을 목표로 한 것이다. 또한 지역의 활력을 높이는 중심거점으로서 도시지역의 기능강화의 필요성이 높았다는 점이다. 삿포로 도심지역의 마을만들기는 민간주체의 도시개발, 소프트웨어 프로그램 등을 주로 실시하였다. 이러한 활동을 유발·지원하기 위하여 삿포로시는 민간활동에 대한 대응을 일원화하고 신속화하기 위하여 새로운 부서를 설치하였다.

'도심 마을만들기 추진실'이 추진할 사업의 방향성을 제시하는 삿포로시는 도심지역의 중장기적인 마을만들기의 바람직한 방향과 장래상을 제시한 '도심 마을만들기 계획'을 2002년에 책정하였다. 이후 2016년에 '제2차 도심 마을만들기 계획'으로 종합적으로 개정하였다. 또한 2018년에 도심지역의 마을만들기와 일체적으로 전개하는 환경·에너지 시책의 방향성, 장래상을 제시하는 '도심 에너지 마스터플랜'을 책정하였다.

```
┌─────────────────────────────┐
│         Plan(계획)           │
│  도심의 장래상을 정하고, 계획적인  │
│   마을만들기를 추진해 간다.      │
│  ■ 제2차 도심 마을만들기 계획   │
│  ■ 도심 에너지 마스터플랜       │
│  ■ 삿포로역 교류거점 마을만들기 계획 등 │
└─────────────────────────────┘
```

```
┌──────────────────┐    ┌──────────────────┐
│     Project      │    │    Manegement    │
│    (프로젝트)      │    │   (지역 매니지먼트 )  │
│ '4-1-2의 골격구조'를 중심으로 한 │ │ 특성을 활용한 지역주체의 │
│  마을만들기를 진행한다.  │    │  마을만들기를 추진한다.  │
│ ■ 골격축: 역 앞 도로, 오도오리, 북3조 거리 │ │ ■ 역 앞 도로 지구   ■ 오도오리 거리 │
│ ■ 전개축: 동4초메선     │    │ ■ 스스키 지구     ■ 소세이 동지구 │
│ ■ 교류거점 : 삿포로역 앞 교류거점, 오도오리 │ │ │
│  · 소세이 교류거점      │    │ │
└──────────────────┘    └──────────────────┘
```

[그림 15] 삿포로시 도심 마을만들기의 기본생각(삿포로시 홈페이지 '도심의 마을만들기' 자료로 작성)

2002년도 도심 마을만들기 추진실 설치

사업조정담당과, 조정담당계(8명 체제)

2007년도 도심 마을만들기과 설치(지역 매니지먼트의 대응 지원 강화)

도심 마을만들기과, 추진담당계
도심교통담당계, 지원담당계를 설치(16명 체제)
※ 도심 마을만들기과는 8명

2013년도 에너지 프로젝트 담당과 설치(도심 에너지 시책의 추진 강화)

에너지 프로젝트 담당과, 에너지 담당계 설치(18명 체제)
※ 에너지 프로젝트 담당과는 3명

2017년도 삿포로역 교류거점 추진담당과 설치
(홋카이도 신칸센 연장 등을 주시, 삿포로역 교통거점의 정비검토 강화)

삿포로역 교류거점 추진담당과장을 신규 배치(20명 체제)

2018년도 삿포로역 교류거점 추진담당부 신설
(부장직을 신규 배치하고, 삿포로역 교류거점의 정비검토를 더욱 강화)
삿포로역 교류거점 추진 담당부장을 신규 배치(22명 체제)

[그림 16] 삿포로시 도심 마을만들기 추진실의 확장 경위(국토교통성 도시국 마을만들기추진과 관민연계추진실 〈지자체 등에 의한 민간 마을만들기 지원의 대응 사례(2018년도판)〉로 작성

도심 마을만들기 추진실에서는 다음에 열거한 3개의 시책을 주로 실시하고 있다.

- 도심지역 각 지구의 지역 매니지먼트에 의한 마을만들기 추진

  마을만들기 조직의 조성, 마을만들기 지침의 책정 지원

  도시계획안의 작성 지원, 시민참가사업의 전개 지원 등
- 민간주체의 도시개발 프로젝트를 조정하고, 사업화 지원

  시가지개발사업의 계획조정, 공공공간·공공시설의 계획·활용

  민간 도시개발사업(하드웨어 개발)의 조정과 지원

  도시계획 결정권자와 사업자 간의 조정 등
- 민간 이벤트 개최 시 공공시설 관리자·교통 관리자 등과 조정

③ 미나토미라이21 공공공간 활용위원회(요코하마시)

요코하마시의 미나토미라이21 지구에서는 2010년도부터 국가

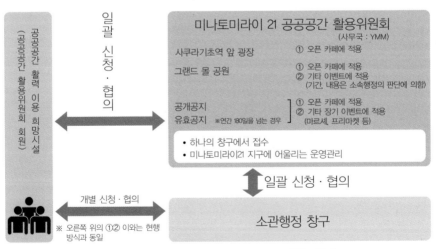

[그림 17] 미나토미라이21 공공공간 활용위원회에 의한 일괄 신청·협의 구조

(미나토미라이 지역 매니지먼트 홈페이지에서 작성)

의 보조를 받아 지역의 공공공간인 그랜드 몰 공원, 공개공지, 키샤미치 · 운하 파크 등의 항만녹지, 내수역을 활용하여 활력창출을 위한 사회실험을 실시하였다. 이 실험을 통하여 공공공간의 점유 등에 관한 조례의 적합성 확인 및 허가기준의 완화를 소관 행정부서에 요청하였다. 2013년 9월부터 공개공지의 일시사용과 관련하여 '요코하마시 시가지 환경설계제도'의 운용기준이 일부 개정되었으며, 또한 지구 내 그랜드 몰 공원에서 오픈 카페 등에 한하여 도시공원법의 설치기준을 적용하여 운용기준이 완화되어 공공공간의 활용이 가능하게 되었다.

이 제도개정 등으로 지역의 공공공간을 지역 매니지먼트 활동의 일환으로 활용하기 위하여 활력과 휴식의 장으로 만들어 양호한 도시공간의 형성을 목적으로 2013년 9월 일반 사단법인 요코하마 미나토미라이21 및 공공공간의 활용을 희망하는 회원기업을 위원으로 하는 '미나토미라이21 공공공간 활용위원회'를 설립하였다. 이 위원회에 참가하는 위원이 공공공간 및 그랜드 몰 공원을 이용 시 일정 심사기준으로 위원회의 승인을 얻으면 위원회에서 일괄로 인허가 절차가 가능해졌다. 기존의 개별절차에서는 허가되지 않았던 이벤트를 실시할 수 있게 되었다(자세한 내용은《도시의 가치를 높이는 지역 매니지먼트》234-235쪽 참조).

공민연계에 의한 공공시설 정비와 지역 매니지먼트 활동

고도성장기의 개발 중심 시대에는 시정촌(기초지자체)이 도시 전체를 고려한 공공시설정비를 추진해 왔다. 하지만 인구감소 · 저출산·고령화사회에서는 지역활성화, 빈 땅·빈집 문제, 커뮤니티 유지, 일자리 확보, 노동력 확보, 보육 지원, 고령자 돌봄지원, 방재, 방범 등의 문제가 단순히 공공시설을 정비하면 좋아지는 시대가 아니며, 공공과 민간연계로 지역의 관리운영이 이루어지지 않는다면 해결하기 어렵다.

이러한 상황에서 행정은 도시 내의 지역을 특정하여 공공시설의 재편 등 공공투자를 실시하고 완성된 공공시설을 최대한 활용하여 지역 매니지먼트 단체와 마을만들기 회사가 지역 매니지먼트 활동을 추진하여 지역의 가치를 높여가는 것이 필요하다.

바꾸어 말하면, 행정의 공공투자를 지역 매니지먼트 단체의 활동으로 활용하고, 그 활동의 결과로서 지역의 가치가 상승하여 세수 확대로 연결되며, 시민에게 피드백되는 선순환구조를 만드는 것이다. 이러한 결과가 최대한 발휘되도록 지역을 중심으로 공공시설의 정비가 필요하다.

예를 들면, 《도시의 가치를 높이는 지역 매니지먼트》 39쪽 [그림 3]과 같이 요코하마역 대개조계획에서의 지역 매니지먼트 활동과 지역가치 상승 등의 접근방식도 있다. 그 외의 사례를 다음과 같이 정리하였다.

시카고시의 BID와 TIF 연계에 의한 도심재생

시카고시의 BID와 TIF 연계에 의한 도심재생은 중심가Main Street인 루프Loop 지구의 스테이트 스트리트State Street에 TIF를 설정하여 가로의 재정비를 추진하고, 지역의 BID인 시카고 루프 얼라이언스Chicago Loop Alliance가 지구를 활성화하기 위하여 청소, 경비, 미화, 관민시설의 개조, 건축디자인 컨트롤, 아트 프로그램 등의 이벤트, 점포의 다양화를 추진하고 있다(자세한 내용은《도시의 가치를 높이는 지역 매니지먼트》39–42쪽 참조).

밀워키시의 리버워크 사업

밀워키시는 과거 중공업을 중심으로 번영하였으며, 중심부를 흐르는 밀워키강은 수상운송의 거점으로 활력이 있었다. 하지만 1980년대 공장 폐쇄로 수상운송은 쇠퇴하고 지역에는 빈 빌딩 및 창고가 늘어나는 상황이었다. 중심시가지 재생을 위해서는 밀워키강변의 재생이 과제였다.

① TIF와 보조금 등에 의한 리버워크의 건설

밀워키시는 강변에 산책로promenade를 신설하고, 역사건축물과 공공시설, 하천을 이용하고 있는 사업을 네트워크하는 리버워크 River Walk 사업을 실시하였다.

리버워크 건설에는 건설비의 78%를 TIF 제도에서, 22%를 보조금 및 기부금으로 조달하였다.

② 디자인 가이드라인에 의한 리버워크 주변 개발 컨트롤

1992년 리버워크와 관련하여 시는 강의 호안부터 15m 이내의 개발을 전부 심사대상으로 하는 디자인 가이드라인을 만들었다. 가이드라인은 밀워키강과 관련한 4개의 접근성을 의무화하고 있는 것이 특징이다.

첫째는 물리적인 접근성으로 리버워크를 24시간 개방하는 것이다. 둘째는 심리적인 접근성으로 보행의 쾌적성을 향상하는 것이다. 셋째는 시각적인 접근성으로 리버워크 주변의 쇼윈도 및 출입

종전	이후	

강과 연접하여 건설된 건물군 | 강변의 오픈 카페 등 | 리버워크는 BID 소유지만, 공공공간으로 기능

전장 : 약 2km
폭원 : 2.4~3.6m

[그림 18] 리버워크 사업의 전후(국토교통성 〈토지이용 전환의 기회를 촉진하는 도시재생추진수법에 관한 검토조사 보고서〉(2008년 3월)

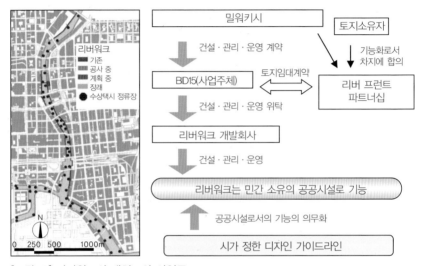

[그림 19] 리버워크의 배치도와 사업구조(그림 18과 동일)

구 등을 설치하는 것이다. 넷째는 경제적인 접근성으로 강을 관광자원으로 활용하여 강변의 환경정비를 실시하여 활성화를 촉진하는 것이다.

③ BID에 의한 준공 후의 관리 · 운영

건설된 리버워크에 접하는 전체 토지소유자와 시 사이에 리버 프런트 파트너십River Front Partnership을 맺었다. 1994년에 시는 밀워키 강변에 BID 15를 지정하였다. 리버 프런트 파트너십과 BID 15는 99

년간의 토지조차권을 부여하는 토지임대계약을 체결하였다. BID 15의 평의회 밑에 '리버워크 개발회사'를 설립하여 산책로 증설, 관리·운영, 스트리트 퍼니처 및 사인 정비, 이벤트 기획·선전 등을 BID 특별과세로 실시하고 있다.

밀워키시의 TIF에 의한 리버워크 정비는 BID 15의 지역 매니지먼트 활동으로 살아나 지역의 가치를 높이고 있다고 해도 과언이 아니다.

오사카 전체에서 추진되는 '물과 빛의 마을만들기'의 움직임

오사카시에 의하면 오사카시에서는 2001년부터 2015년까지 15년간 행정·기업·시민이 연계하여 물의 수도 오사카의 재생을 추진해 왔다. 그 결과, 도심부의 하천에 산책로 및 선착장이 정비되었고, 이를 활용한 크루즈 및 규제완화를 활용한 수변의 민간 창업이 생겨났다. 오사카의 수변풍경은 극적으로 변화하였고 일상적인 수변 이용이 활성화되어 오사카는 일본에서도 수변이 가장 활력 있는 도시가 되었다. 또한 공공과 민간이 협력하여 추진한 호안·교량·고속도로 교각의 일상적인 라이트업은 매년 규모가 확대되었고 겨울의 풍물시로 정착한 '오사카·빛의 향연' 등 오사카는 일본에서도 아름다운 빛의 풍경을 즐기는 도시가 되었다.

이러한 성과를 오사카의 '성장'과 연계하고 물과 빛의 매력을 세계의 사람들을 끌어들이는 '물과 빛의 수도 오사카'를 실현하기 위하여 2020년을 목표로 아래의 방침을 정하여 오사카부·시·경제계의 오사카 전체가 대응했다.

• 세계에 자랑하는 '물과 빛의 심벌 공간'의 실현

- 물과 빛의 확산에 의한 새로운 매력 창조
- 모두가 동경하는 '물과 빛의 수도 오사카' 브랜드 확립
- 다채로운 민간의 참여와 비즈니스의 창출·활성화

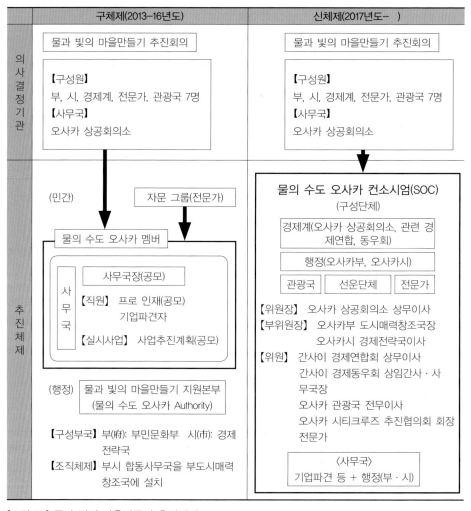

[그림 20] 물과 빛의 마을만들기 추진체제(오사카시 홈페이지(https://www.city.osaka.lg.jp/keizaisenryaku/page/0000274420.html) 자료로 작성)

오사카 상공회의소에 의하면 물과 빛의 마을만들기 추진은 오사카 상공회의소 수장이 회장을 맡은 '물과 불의 마을만들기 추진회의'가 기본방침의 책정과 사업을 추진하는 3개 단체에 활동을 지원한다.

'물의 수도 오사카 컨소시엄'은 오사카 상공회의소가 위원장을 맡으며, 물의 수도 오사카의 추진을 목표로 공공과 민간의 공통 플랫폼으로서 2017년부터 새로운 추진체제를 구축하고 있다. 물의 수도 사업의 기획입안, 매력창출의 실천, 규제완화의 조정 등을 실시한다.

'오사카 · 빛의 향연 실행위원회'는 오사카부 도시매력창조국이 위원장을 맡고, 나카노시마 및 미도스지 외 민간 프로그램과 함께 일루미네이션 사업을 전개하고 있다.

'빛의 마을만들기 추진위원회'는 하시츠메 신야橋爪紳也 오사카부

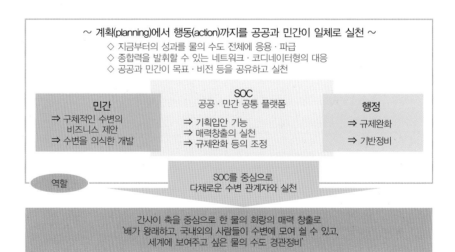

[그림 21] 물의 수도 오사카 컨소시엄(SOC)의 역할 · 추진체계

(물의 수도 오사카 컨소시엄 2019년 1월 제10회 물과 빛의 마을만들기 추진회의 자료 '물의 수도 오사카의 추진체계'의 자료로 작성)

립내학 특별교수가 위원장을 맡고 공공과 민간이 일체가 되어 상시적인 빛의 마을만들기를 추진한다.

여기에서는 '물의 수도 오사카 컨소시엄'에 관하여 구체적으로 기술한다.

① 공공과 민간 공통 플랫폼 '물의 수도 오사카 컨소시엄'

• 2013년도 물의 수도 오사카 파트너스

오사카부 · 오사카시 · 경제계는 세계 도시 간 경쟁에서 이겨낼 '물과 빛의 수도 오사카의 실현'을 위한 기본방침을 심의 결정하는 '결정기관'으로서 '물과 빛의 마을만들기 추진회의', 구체적인 활동에 대처하는 '집행기관'으로서 '물의 수도 오사카 파트너스', 그

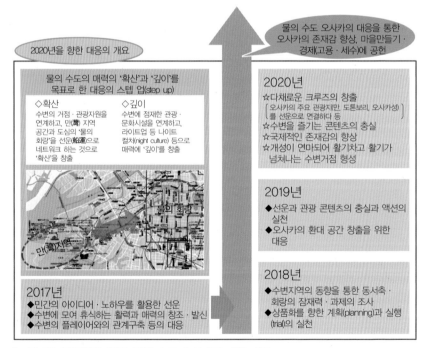

[그림 22] 2022년을 향한 물의 수도 오사카의 대응 개요(그림 21과 동일)

리고 수변공간의 이용 및 활용과 관련한 오사카부와 시의 관계부국의 합동조직인 '물과 빛의 마을만들기 지원본부(물의 수도 오사카 Authority)'를 설치하였다.

• 2017년 물의 수도 오사카 컨소시엄

'물의 수도 오사카 파트너스'의 4년간의 활동을 마무리하고, 2017년도부터 물의 수도 오사카의 한층 더한 성장을 목표로 공공과 민간 공통의 플랫폼 '물의 수도 오사카 컨소시엄'을 설립하였다.

물의 수도 오사카 컨소시엄은 물과 빛의 마을만들기 추진회의가 작성한 대응방침을 실현하기 위하여 민간으로부터 구체적인 수변 비즈니스 제안을 토대로 기획을 입안하고, 매력창출의 실천을 위한 규제완화를 행정과 협의하여 추진한다. 이를 이어받아 오사카부, 오사카시 등은 필요한 기반정비를 실시하고, 이와 더불어 규제완화를 실시한다. 그 결과, 민간은 수변을 의식한 개발을 추진할 수 있게 된다. 즉, 공공과 민간이 목표·비전 등을 공유하면서 실현해 간다. 동서 축을 중심으로 물의 회랑의 매력을 끌어내고, '배가 왕래하고, 국내외의 사람들이 수변에 모여 쉴 수 있고, 세계에 보여주고 싶은 물의 수도 경관정비'가 실현된다.

미도스지 장래 비전의 공공과 민간 연계체제 만들기(오사카시)

① 미도스지 장래 비전(2019년 3월)

오사카시 건설국에 의하면 이 장래 비전은 자동차 중심에서 사람 중심의 도로로 전환함으로써 새로운 체험이 가능한 공간을 만들어내고, 그 공간을 통해 구축된 '사람·물건·자금·기업·정

【도로공간】
'세계 최신 모델이 되는 사람 중심의 도로로'
~ 지역과 연계하고, 사람과 연계해 가는 새로운 가치를 창출하는 공간 ~

【도로공간의 대응】
사람 중심 ~ 풀 모델(full model)화

미도스지 완성 100주년을 기념한
검토와 실천을 추진

【도 시】
도시의 리노베이션 ~ 오사카 · 간사이의 성장
~ 도시의 리노베이션을 추진하는 방아쇠로서의 도로공간의 재편 ~

정보 네트워크

도시 인프라 네트워크

[그림 23] 미도스지 장래 비전의 이미지 · 투시도(오사카시 건설국 〈미도스지 장래비전 요약판〉)

보'라는 도시자원의 교류를 촉진하며, 새로운 매력과 가치를 창출
하여 세계에 발신할 수 있게 한다.

기존 '도로'의 틀에 얽매이지 않고 새로운 기능을 도입함으로써
'다양한 인재가 모이는 관광 · MICE 도시', '만남이 새로운 가치를
만드는 다양성 도시', '세계에 자랑할 수 있는 도시', '다양한 즐거
움이 가능한 유람 · 체류 도시' 등의 오사카가 목표로 하는 장래의
도시상을 실현하고자 한다.

② 장래 비전을 추진하는 공공과 민간 연계체제 만들기

이 비전을 추진하기 위해서는 공공과 민간이 서로 바라는 비전
을 공유하고 공공과 민간의 연계체계를 만들고, 역할분담을 명확
히 하는 것이 중요하다. 이를 통해 종합적인 관점에서 비전을 추
진해 나가는 체계 구축이 필요하다.

③ 공공주체의 주요 대응

• 교통영향 등 검증

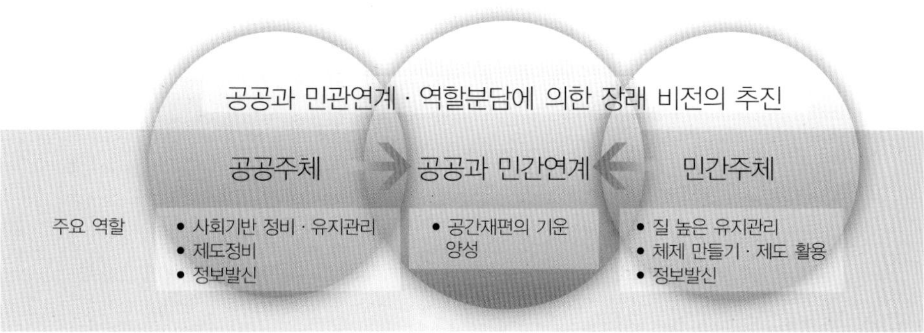

[그림 24] 미도스지 미래비전을 추진하는 공공과 민간연계와 역할분담(오사카시 건설국 〈미도스지 장래비전〉으로 작성)

차선감소로 인한 정체 및 화물처리 등 미도스지를 비롯한 주변 도로 및 지역에 미치는 영향 등을 사회실험으로 신중하게 검증한 후 추진한다.

• 미도스지 기금의 신설

기존보다 세심한 유지관리를 실시하고, 시민과 민간에게도 많은 관심을 가지게 하도록 미도스지 기금의 신설을 도모한다.

• 민간이 활동하기 쉽게 제도 정비

도시에서 도로공간 이용의 요구는 높아지는 등 도로공간을 활용한 민간활동을 추진하는 제도를 정비하고, 도시의 매력향상, 활력 · 교류의 장을 창출하기 위하여 특수제도의 활용 및 민간의 새로운 역할로서 마을만들기를 후원한다.

이를 위해서는 민간이 활동하기 쉽게 제도정비를 추진하고, 민간주체의 마을만들기 활동을 촉진해 간다.

• 자매도로 협정의 추진

미도스지를 통해 매력적인 마을만들기를 전개해 가기 위해서는 다양한 지식과 경험을 가진 해외 대도시의 메인 스트리트와의 연계를 상화할 필요가 있다. 미도스지와 유형이 비슷한 메인 스트리트를 소유한 해외 대도시와 자매도로 협정을 체결함으로써 인재교류, 기술교류 등의 상호연계를 실시한다. 행정 간에는 도로에 관한 지식과 경험을 공유하고, 민간 기업은 비즈니스로의 전개와 연계한다. 이러한 대응으로 도시의 매력을 높이고 미도스지를 세계를 향하여 정보를 지속적으로 발신한다.

④ 민간주체의 주요 대응

• 질 높은 유지관리

청소활동 등의 세부적인 일상의 유지관리 활동과 화단관리 활동 등 아름다운 가로경관을 만들어낸다.

• 시가 정비한 제도를 활용하여 마을만들기 추진

도로공간에서 민간이 마을만들기 활동을 지원하는 제도를 적극적으로 활용하여 활동의 전개 및 지속성을 담보하기 위한 제도를 활용하는 체제 만들기를 우선 추진한다.

• 도로공간을 활용한 이벤트 등 전개

도로변 빌딩의 벽면 후퇴 등과 관련하여 마르셰 및 오픈 카페 등 민간주체의 활동이 이루어지고 있다. 더욱이 도로공간을 포함한 활동도 확대하는 등 현지의 강점을 활용한 정보를 발신하는 것도 중요하다.

⑤ 공공과 민간연계에 의한 주요 대응

• 도로공간과 도로변 건물이 일체화된 활력 형성

장래 비전을 추진해 가기 위해서는 시민과 이해관계자의 이해 및 협력이 필요하다. 공공과 민간연계에 의한 효과적인 프로모션 활동을 전개하고, 도로 등의 공간재편의 기운을 북돋우는 것이 필요하다.

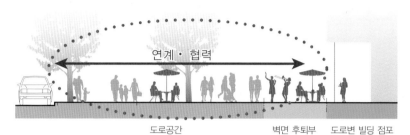

연계 · 협력

도로공간   벽면 후퇴부   도로변 빌딩 점포

[그림 25] 도로공간과 도로변 건물이 일체가 된 활력 형성(그림 24와 동일)

　도시의 매력 향상, 활력 · 교류의 장을 창출하는 것은 도로변 건물 및 점포와의 연계가 중요하다. 벽면 후퇴부와 도로공간을 일체적으로 활용하여 다양하게 이용할 수 있는 오픈 스페이스가 생겨날 수 있다. 오픈 스페이스를 활용한 지속적인 마을만들기를 추진하기 위해서는 오사카판 BID 제도[11]를 비롯한 공공과 민간의 연계에 의한 사업비 조달제도 등의 도입을 검토하는 것이 중요하다(그림 25 참조).

・미도스지 완성 80주년 기념사업의 계속

　미도스지 완성 80주년 기념사업에서는 미도스지 안내지도로 관광객을 포함한 공모로 미도스지 매력의 재발견 등 공공과 민간의 연계에 의한 프로모션 활동을 통하여 미도스지 도로변의 공간재편을 촉진하는 대책을 추진하였다. 이러한 대책을 민간주체가 발

11　오사카판 BID 제도는 지리적으로 구획된 대부분이 이너시티에 위치한 지구이며, 부동산 소유자 및 사업자로부터 징수한 부담금으로 그 지구의 유지관리, 개발, 프로모션을 실시하는 것(36–47쪽 참조).

전적이고 지속적으로 추진하고 미도스지의 공간재편의 기운양성을 도모해 간다.

• 공공과 민간 연계의 플랫폼 구축

미도스지 장래 비전을 조기에 실현하기 위해서는 기운양성, 정보발신, 운영지원을 목적으로 민간 주체의 지원사업을 전개할 필요가 있다.

⑥ 오사카시의 미도스지 모델 정비와 민간의 사회실험

미도스지 비전을 발표하기 전에 오사카시는 2016년에 미도스지의 난카이난바역에서 센니치마에 거리까지 200m 구간을 모델 구역으로, 6m의 완속차선으로 재편하고 3m의 자전거통행공간을 정비하여 보도를 확폭하였다. 이 모델구간에서 사용된 방법을 검증하여 장래 미도스지 전 노선 4㎞를 어떻게 할 것인가를 검토하는 사회실험이다. 이러한 사회실험 및 미도스지의 장래상의 책정을 공공과 민간의 연계로 실시되었다는 점에서 큰 의의가 있었다.[12]

이러한 사회실험은 미도스지 파크렛parklet(234쪽 칼럼 1을 참조)을 실시하는 등 미도스지 비전의 일환으로 인계받고 있다.

오사카시 건설국에 의하면 80주년 기념사업으로 실시한 요도야바시에서는 실태조사 및 이용자 등에게 설문조사를 통해 안전성 및 쾌적성 등을 확인하고 있다. 2019년에는 조건이 다른 지역인 혼초에서 이용목적 및 교통영향, 자동차, 자전거, 보행자 통행의 안전성을 확인하고 있다.

또한 공공과 민간의 연계로 도로 매니지먼트의 일환으로서 도로변에서 활동하는 지역 매니지먼트 단체가 운영·관리를 위한 점

---

12 미도스지 모델 노선에 관해서는 《도시의 가치를 높이는 지역 매니지먼트》 208-210쪽 및 232-233쪽의 난바 광장 개조계획을 참고할 것

검비와 보안비를 마련하기 위하여 광고게재의 구체적인 수요 및 실제 광고 추진방안의 검증도 실시하였다. 더욱이 도로변의 지역 매니지먼트 단체가 실시하는 도로변 빌딩의 벽면 후퇴부에서의 푸 드트럭 이벤트와 함께 파라솔을 설치하여 파크렛의 쾌적함을 높 이고 지역 매니지먼트 단체가 시설의 관리 방향 및 방법의 검증도 실시한다. 이러한 실험을 5개월이 넘는 장기간 실시하면서 평상시 추진할 경우에 발생할 과제 등의 조사도 실시하였다.

삿포로 역 앞 도로 지하 보행공간 정비와 시민에 의한 지역 매니지먼트 활동(삿포로시)[13]

앞에서 설명한 도심 마을만들기 추진실을 만든 삿포로시는 2002 년 삿포로 도심마을만들기 계획에 근거하여 삿포로역 교류거점과 오도오리 교류거점을 연결하는 광장 병설형의 삿포로 역 앞 도로 지하 보행공간(애칭 '치·카·호')을 2011년에 정비하였다(국도 부분 의 지하는 국가가 정비).

도로변 빌딩과의 지하접속 및 지하광장뿐만 아니라 2014년에 탄 생한 지하의 북3조광장 등의 공간 활용, 지상과 지하가 일체가 된 활력창출이 가능해졌다. 개통에 앞서 2010년에는 삿포로 역 앞 도 로 마을만들기 주식회사인 지역 매니지먼트 단체가 2010년에 삿 포로 역 앞 도로 진흥회, 역 앞 도로 도로변 기업 10개사, 역 앞 도 로 인접기업 4개사, 삿포로 상공회의소, 삿포로시의 17개 단체·기업에 의해 설립되었다. 삿포로 역 앞 도로 마을만들기 주식회사

---

13 자세한 내용은 《도시의 가치를 높이는 지역 매니지먼트》 42–44쪽 및 224–225쪽을 참고 할 것

는 치 · 카 · 호 광장과 아카프라의 지정관리자로서 광장의 임대 · 관리 및 이벤트 개최 등의 사업을 실시하고 있다. 또한 치 · 카 · 호의 벽면을 활용한 광고사업을 통하여 마을만들기의 활동자금을 마련하고 있다.

이러한 형태의 공공과 민간의 연계는 미국의 시카고 및 밀워키의 TIF에 의한 공공시설 정비와 BID의 지역 매니지먼트 활동의 관계와 매우 비슷하다.

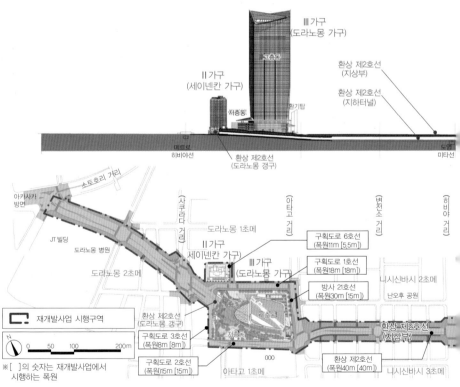

[그림 26] 전체 계획도(도쿄도 도시정비국 홈페이지 자료로 작성)

신토라 거리의 정비와 신토라 거리 지역 매니지먼트(도쿄도 미나토구)

① 도쿄 도시계획사업 환상 제2호선 신바시·도라노몽 지구 제2종 시가지 재개발사업

도쿄도 도시정비국에 의하면 이 사업은 신바시·도라노몽 지구에서 도시의 골격을 형성한 도쿄의 도시구조의 재편성을 유도하는 환상 제2호선을 정비함과 동시에 입체도로제도를 활용하여 환상 제2호선 상공 및 노면 아래에 건축물 등의 정비를 일체적으로

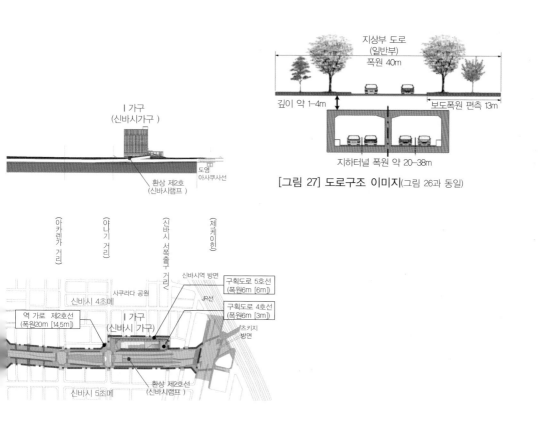

[그림 27] 도로구조 이미지(그림 26과 동일)

주진하고, 매력과 개성 있는 복합시가지를 형성하는 것을 목적으로 하고 있다. 도심부의 거주기능의 유지·회복, 상업과 문화·교류기능의 입지, 업무기능의 질적 고도화 등을 도모하는 것이다.

또한 이 구간은 2020년 도쿄 올림픽·패럴림픽 개최 시에 선수촌과 경기장을 연결하는 중요한 도로의 일부다.

② 환상 제2호선의 정비에 수반되는 지역과 도쿄도의 생각

환상 제2호선의 정비에서 지역 주민들은 기성시가지 내에서 간선도로를 정비하면 마을 및 마을자치회를 분단하게 된다는 생각이었다. 가능하다면 지상부의 도로는 활력 있는 거리로서 '지역을 위한 도로'이며, 1964년의 올림픽 때 만들어진 아오야마 거리와 같이 도쿄를 대표하는 심벌 스트리트의 하나로 만들어야겠다는 생

[그림 28] 신토라 거리와 도라노몽힐즈

각이 있었다.

한편 도쿄도는 2020년 올림픽 · 패럴림픽에 맞춰 정비를 추진하면서 보도 테라스 이용의 점용허가, 점용료의 감면 등 장래 지역 매니지먼트의 수입원 확보에도 협력하고, 지상도로의 유지관리를 담당하는 지역 매니지먼트 조직의 구성을 기대하고 있었다.

지역과 도쿄도의 협의 결과, 첫째, 당초 계획에서는 배기를 위한 슬릿slit형 도로였지만, 이를 포기하고 터널로 변경하였다. 둘째, 벽돌을 붙인 폭이 넓은 보도를 설계하여 도로의 식재를 2열로 하고, 구간마다 수목의 종류를 바꾸어 조명에 맞게 사계를 연출하도록 하였다. 셋째, 폭이 넓은 보도를 이용하여 활력 있는 공간이 되도록 이벤트 등의 개최를 허용하도록 했다. 또한 2013년 5월에는 그 구간의 지상부의 애칭이 '신토라 거리'로 결정되었다.

③ 신토라 거리와 지역 매니지먼트가 만든 공공과 민간의 연계

환상 2호선의 신바시~도라노몽 구간은 종전 직후부터 맥아더 도로로 유명하였다. 1989년에 입체도로제도가 창설되었고, 또한 1994년에 임해부까지의 연장이 결정되었고, 이 도로는 임해부도심과 도심부의 신바시 · 도라노몽을 이어주는 중요한 도시의 골격으로 자리매김하였다. 더욱이 2020년 도쿄 올림픽의 결정을 계기로 사업의 속도가 빠르게 진행되었다.

입체도로제도를 활용하여 2014년에 도라노몽힐즈가 준공되었고, 편측 13m의 보행자공간의 넓은 도로도 완성되었다.

연이어서 주변 지역에서는 새로운 재개발 빌딩 및 호텔 오쿠라, 도라노몽 병원 등의 재건축도 연쇄적으로 진행되었다. 또한 히비야선의 새로운 역인 도라노몽힐즈역도 건설 중이며, 긴자선 도라노몽역과 도라노몽힐즈역을 연결하는 지하도와 버스터미널도 완

성되었다. 이와 함께 지역 매니지먼트 활동도 신토라 거리를 중심으로 활발히 전개되고 있다.

신토라 거리라는 기반정비와 보행자공간의 중요성의 재평가라는 시대의 흐름이 맞아떨어져 사업추진에 탄력을 받았으며, 또한 공공시설 등도 완성되고 있고, 이를 이용한 지역 매니지먼트 활동도 활발히 진행되고 있다.

이러한 현상을 유추해 보면 신토라 거리의 개통이 지역가치 상승을 촉진하는 지역 매니지먼트 활동을 위한 큰 플랫폼이 되었다고 해도 과언이 아니다.

앞에서 설명한 바와 같이 미국의 시카고시와 밀워크시의 TIF와 BID의 관계와 비슷한 현상이 신토라 거리가 개통됨으로써 생겨나고 있다. 이 플랫폼이야말로 도쿄도 등의 행정기관과 지역의 민간이 공공과 민간의 연계로 만들어진 것이라고 말할 수 있다.

[그림 30] 신토라 거리의 야경(제공: 일반 사단법인 신토라 거리 지역 매니지먼트)

미도스지 파크렛

미도스지에 새로운 휴식 장소가!

오사카의 중심가, 미도스지의 한쪽에 벤치 및 파라솔이 설치된 휴식 공간이 2019년 8월 1일에 등장했다. 이것은 오사카시가 미도스지의 혼초 가든시티 앞에 설치한 '미도스지 파크렛'에 2020년 1월 8일까지 약 반년에 걸친 사회실험이 실시되었다.

파크렛(parklet)이란 도로공간을 활용하여 우드데크 및 벤치를 설치한 휴식시설이며, 기간 중에는 누구라도 이용할 수 있다. 실험과 함께 혼초 가든시티 부지 내에서는 푸드트럭이 출점하였고, 돌가마 피자 및 젤라토, 빙수, 음료수 등이 판매되었다. 또한 공간 내에 광고를 게시해 벌어들인 수입은 파크렛의 운영 및 유지관리비로 충당될 예정이다.

미도스지 파크렛의 사회실험은 두 번째이며, 첫번째는 2017년의 가을부터 봄까지 미도스지 서쪽의 상업시설 '요도야바시 odona' 앞에서 실시되었다. 호응이 좋아서 이번에는 장소를 변경하여 실시되었으며, 장소가 다르기 때문에 이용하는 사람들의 요구 및 안전에 대한 검증이 예정되어 있다.

미도스지를 세계에 자랑하는 거리로!

2017년에 미도스지 완성 80주년을 기념한 오사카시는 세계에 자랑하는 사람 중심의 도로와 미도스지로 다시 태어난다는 '미도스지 장래 비전'을 2019년에 책정하였다. 지금까지 자동차 중심의 공간에서 세계에서 사람들이 모일 수 있도록 훌륭한 공간으로, 많은 사람들과 공공과 민간이 연계하면서 실현하고자 하는 미도스지 파크렛의 대응방안 중 하나다. 푸드트럭의 출점도 지역의 마을만들기 단체와 시가 연계한 실험이다. 혼초역 주변은 대형 오피스빌딩이 있는 비즈니스가이며, 보행자는 단순히 통과하는 사람이 많았다. 파크렛은 활력 및 휴식의 공간으로서 미도스지를 바꾸어 갈 가능성을 가지고 있다.

새롭게 설치된 우드데크와 벤치. 벤치에는 광고 공간이 설치되어 있다.

푸드트럭과 파크렛이 휴식의 장소로

에도 여름밤 모임: 옛 시바리큐온시 정원

귀중한 다이묘 정원

JR 하마마츠초역에 인접해 있는 옛 시바리큐온시 정원(旧芝離宮恩賜庭園)에서는 '에도 여름밤 모임'이라는 이름을 붙인 라이트업 행사가 2019년 7월 25일(목요일)부터 27일(토요일)에 걸쳐 3일간 개최되었다.

옛 시바리큐온시 정원은 도쿄에 남아있는 유서 깊은 다이묘(역자주: 헤이안 시대 말기에서 중세에 걸쳐 많은 영지를 소유한 지체 높은 무사) 정원 중 하나다. 에도시대에 산킨 교대(参勤交代)(역자주: 다이묘가 격년 교대로 에도에 나와 막부에서 근무하던 제도)가 제도화되어 있었기 때문에 각 다이묘는 에도에 복수의 저택을 가지고 있었다. 저택에 만들어진 정원은 장군의 행차에 대비하는 정치, 사교의 장이기 때문에 각 다이묘는 기술을 겨루고, 정취를 느낄 수 있는 정원, 말하자면 다이묘 정원을 에도 저택에 만들었다. 정원을 만드는 기술은 고도로 발달하였고, 정원 그 자체가 예술품이라고도 말할 수 있는 많은 다이묘 정원이 만들어진 에도는 세계 유수의 정원 도시가 되었다.

옛 시바리큐온시 정원은 1678년 로우주(老中)(역자주: 에도막부에서 쇼군에 직속하여 정무를 총괄하고 다이묘를 감독하던 직책) · 오쿠보 다다토모(大久保忠朝)가 4대 쇼군에게 하사받은 저택 내에 만들어진 정원이다. 다다토모는 오다와라가 영지였기 때문에 오다와라의 정원사를 고용했고 정원석 등도 오다와라에서 가지고 왔다고 전해진다. 당시는 바다를 접하고 있었기 때문에 연못에 해수를 끌어들여 조수간만의 차로 풍경이 변하는 시오이리의 정원으로 만들어졌다. 아쉽지만 주변을 매립하여 현재는 시오이리식은 아니지만 바로 옆에 있는 하마리큐에서는 시오이리식 정원의 모습을 볼 수 있다.

'라쿠주엔(楽壽園)'이라는 정원은 후에 도쿠가와가(德川家)의 소유를 거쳐 1871년

멋지게 라이트업된 옛 시바리큐온시 정원(제공: 주식회사 원투텐)

(메이지 4년)에 궁내성(宮內省)이 매입하여 다음해에 시바리큐가 되었고, 1891년에는 영빈관으로 서양관이 건설되어 외국 요인을 맞이하는 등 중요한 역할을 담당하였다. 그러나 1923년의 관동대지진에 의해 건물 및 수목이 크게 피해를 입었다. 1924년에 황태자의 성혼기념으로 도쿄시에 하사되었다. 정원은 복구, 정비되어 같은 해 4월에 일반에게 공개되었다. 1979년 6월에는 문화재보호법에 의해 국가명승으로 지정되어 있다.

샘물을 중심으로 축산(築山)(역자주: 정원 등에 산에 빗대어 토사 또는 돌 등을 이용하여 쌓은 것) 및 석조, 식재를 배려한 다이묘 정원에서는 '개인적인 견해'라는 많은 은유(metaphor)가 경치 속에 숨겨져 있다. 옛 시바리큐온시 정원에서는 불로불사(不老不死)의 신선이 사는 길상(吉祥)의 산에 있는 봉래산(蓬萊山)을 표현한 나카시마, 고산수이면서 폭포를 표명한 강력한 석조, 중국 항저우의 명소로 알려진 시호(西湖)를 모방한 서호제(西湖堤) 등이 배치되어 있다. 다다토모의 영지였던 오다와라의 네부가와산(根府川山), 그리고 한때 영지였던 가라쓰시산(唐津山) 등도 만들어져 있다. 방문객들이 연못 주위를 산책하다 시선을 옮겨 경치를 바라보면 숨겨진 정원의 이야기가 차례로 풀리도록 고안되어 있다.

이러한 장치를 알면 아무렇지도 않은 풍경의 배후에 여러 문화의 중첩된 깊이가 존재하고 있는 것을 알 수 있으며, 눈앞의 풍경을 보는 방법도 깊어진다. 이번 개최

시에도 입구에 장식된 오다와라 풍경이 아름다운 소리를 울리고 있는데, 정원과 오다와라의 유래를 보다 잘 아는 주최자의 멋진 아이디어라고 생각한다.

라이트업이 펼쳐지는 '밤의 정원'의 가능성

지금까지의 라이트업은 2회 개최되었으며, 2018년 5월에 'Night Garden in 옛 시바리큐온시 정원'으로 처음 야간개방과 라이트업이 개최되었다. 당시 개방시간은 아침 9시부터 오후 5시까지여서 야간에는 정원에 들어갈 수 없었다. 2018년 11월의 단풍 시기에 '시바리큐 밤 모임'을 밤 9시까지 연장하여 4일간 1만 명이 방문하였다. 이번 '에도 여름 밤 모임'에서는 넓은 정원이 시원한 청색 조명으로 황혼의 땅거미가 멋지게 떠오르고 있었다. 샘물과 나카시마라는 풍경은 기본적으로 훌륭하기에 해가 지더라도 멋진 공간이 창출되고 있다. 곳곳에 놓여 있는 전통우산이 빛 가운데에서

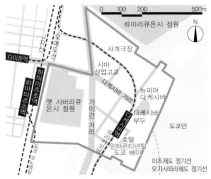

옛 시바리큐온시 정원(제공: 일반 사단법인 다케시바 지역 매니지먼트, □ 안이 지역 매니지먼트 대상지역)

재밌는 악센트가 되고, 낮의 다이묘 정원과는 전혀 다른 풍경이 펼쳐진다. 더욱이 안개 속에 레이저 광선을 비춘 장치 등 최신 기술 전시도 있으며, 한편으로는 에도에 연고가 있는 전통음식 및 전통주의 판매와 가볍게 맛볼 수 있는 공간이 마련되어 있으며, 많은 사람들이 밤의 정원을 즐기고 있다.

이 행사의 개최는 정원을 관리하는 공익 재단법인 도쿄도 공원협회가 주최하고, 다케시바 지구의 지역 매니지먼트를 추진하고 있는 일반 사단법인 다케시바 지역 매니지먼트와 주변의 재개발사업을 담당하고 있는 NREG 도시바 부동산 주식회사가 공동개최하였다. 새로운 개발이 진행되는 다케시바 지역에서 에도시대부터 남아 있는 귀중한 다이묘 정원을 활용한 훌륭한 실험이며, 지금까지 방문할 기회가 없었던 사람들에게도 알릴 수 있는 계기가 되었다. 지역의 매력을 좀 더 알리고, 훌륭한 유산은 이렇게 하면 좀 더 즐길 수 있다는 것을 보여준 '에도 여름 밤 모임'은 매우 유의미한 실험이었다.

주변의 성공이 방아쇠로: 함부르크 중심부의 BID

독일 제2의 도시 함부르크

함부르크시는 인구 약 186만 명, 주변부를 포함한 도시권에는 약 500만 명이 거주하고 있으며, 수도 베를린 다음으로 인구 규모를 자랑하는 독일 북부의 도시다. 바다에서 100km 떨어져 있지만 엘베강으로 북해와 연결되어 있으며, 중세 한자동맹의 유력 도시였으며, 현재에도 도심부 가까이에 큰 항구와 세계유산으로 지정된 역사적인 창고들이 있다. 함부르크항은 독일에서도 최대, EU에서도 두번째 무역항이며, 왕성한 해운업을 토대로 독일 유수의 공업도시다. 니베아, 몽블랑 등 일본에서도 잘 알려진 기업의 본거지이기도 하다. 중심부에는 중세에 엘베강의 지류를 막아서 만든 알스터호가 있으며, 호반에는 녹지가 풍부한 공원 및 카페, 보트 하우스가 입지해 시민의 휴식공간이 되고 있다. 현재에도 중심부에는 운하가 많이 있으며, 이는 함부르크의 특징이 되었다.

독일에서의 BID 활동의 선구

앞에서 설명한 바와 같이 함부르크에서는 2004년에 BID 제도가 만들어졌으며, 독일에서도 BID 활동이 왕성한 도시다. 함부르크시의 홈페이지를 보면 2019년 7월 현재에 23개 이상의 BID가 소개되어 있다.

이 중에서도 노이어 발 BID는 2005년에 최초로 설립되어 대성공을 거둔 BID다. 함부르크의 중심가인 노이어 발은 600m에 걸쳐 가구점 등이 많은 상점가였다. BID 사업으로 보도를 깨끗한 표석으로 고치고, 화단을 설치하며, 보도폭도 넓혀 편안하게 산책할 수 있도록 환경을 정비하여 고급 점포의 출점에 맞게 세련된 분위기를 연출하였다. 또한 크리스마스 일루미네이션 및 이벤트를 개최하고, 물론 청소에도 힘을 쓰는 등 노력한 결과, 유명 브랜드점이

깨끗하게 재생된 노이어 발의 쇼핑거리(https://www.neuerwall-hamburg. de/en/reuer-wall-3(2019년 7월 31일) ⓒOtto Wulff BID GmbH)

출점하기 시작하여 노이어 발 거리에도 많은 사람들이 모일 수 있게 되었다. 현재에도 함부르크에서 인기 있는 고급 쇼핑거리로 알려져 있다.

BID 활동의 확대

노이어 발의 성공은 운하를 사이에 둔 주변 지구, 파사젠피아텔(Passagenviertel)에 큰 자극이 되었다. 피사젠피아텔 BID의 한 회원은 노이어 발에 사용된 밝고 흰 표석이 매우 멋져서 다른 지역의 중심부에서는 볼 수 없는 분위기였기에 주변 지역 사람들을 끌어들였던 것이 부담이 되었을 것이라고 얘기했다.

파사젠피아텔은 노이어 발과 같이 600m 정도의 길이이며, 거리에는 파사드와 쇼핑 아케이드도 있는 중심시가지의 일등지였지만, 노이어 발의 성공으로 인한 위기감으로 2009년에 BID를 준비하기 시작했다. 5명의 지역 토지소유자가 중심이 되어 대화의 장을 만들었고, 필요한 비용도 처음에는 개인 토지소유자가 부담하였다. BID는 새로운 도전이었기 때문에 회원 간의 합의를 이끌어내는 것이 중요하여 많은 시간이 필요하였다. 한편으로 함부르크시가 BID 담당관을 임명하고, 준비단계에서 전체를 지원하는 체제를 만들어주었다. 행정 측도 지원하여 BID의 주요한 사업목표를 정했다. 노이어 발에 지지 않기 위하여 공공간의 정비는 보도의 확장, 주차장 정비, 스트리트 퍼니처의 통일, 그리고 크리스마스 일루미네이션의 개선이다. 보도의

개량 등 건설공사가 주요한 사업이기 때문에 몇 개의 건설회사에 요청하여 그중 1개 회사를 관리자로 선정하였다.

이러한 3년의 준비 끝에, 2012년 토지소유자 16명을 회원으로 하는 BID가 설립되었다. 2012년부터 5년의 기간으로 시작한 BID의 활동은 2018년부터 2기째에 접어들었다. 관리자였던 건설회사는 보도의 개수 외에도 주차장 정리, 청소 등의 관리업무 및 마케팅, 웹사이트 관리, 이벤트 관리, 크리스마스 일루미네이션의 업무도 인수하여 수행하고 있다. 새롭게 고안된 크리스마스 일루미네이션은 유명하여 많은 사람들이 방문하고 있다.

보도가 새롭게 정비된 파사젠피아텔(https://www.hamburg.de/bid-projekte/4353484/bid-projekt-passagenviertel/(2019년 7월 31일)

타임즈 스퀘어 광장화와 BID

맨해튼 중심부에서 자동차를 배제

뉴욕의 맨해튼을 달리는 브로드웨이는 원래는 미국 원주민이 이용했던 도로가 기초가 되었기 때문에 격자형의 도로가 만들어진 가운데를 비스듬히 달리는 특징의 도로였다. 컬럼비아대학 링컨센터, 타임즈 스퀘어, 유니온 스퀘어, 뉴욕시청사 등 주요한 랜드마크를 배경으로 연결된 거리는 맨해튼의 화려함을 표방하고 있다. 이 중에서도 타임즈 스퀘어와 그 주변의 브로드웨이 극장가는 대도시 뉴욕의 상징으로 세계에 알려져 있다.

자동차 사회인 미국에서는 상상할 수 없는 일인데, 한때 황색 택시와 버스가 바쁘게 달리고 있던 타임즈 스퀘어의 브로드웨이에서 자동차가 배제되고 많은 사람이 걷고 만나며 쉬는 광장이 실현된 것이다. 게다가 사람들이 모이면서 활력과 활기는 이전보다 늘어나고 있으며, 도심부를 자동차에서 사람에게로 되돌린 획기적인 시도였다.

이 시도는 우선 2009년 5월에 42번가에서 47번가 구간, 그리고 33번가에서 35번가 구간에서 자동차를 배제하는 사회실험 'Green Ride for Midtown'으로 시작되었다. 이 실험은 뉴욕시민의 큰 기대를 모아 2010년 2월에 블룸버그 시장은 광장의 영구화를 선언하였다.

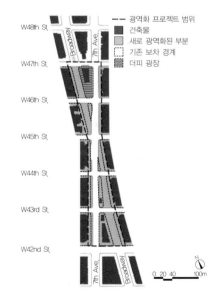

광장화된 브로드웨이 평면도(나카지마 나오토(中島直人)《기업경영자 블룸버그 시장하에서의 도시공간재편: 뉴욕》(니시무라 유키오(西村幸夫) 편《도시경영시대의 도시디자인》 161쪽, 원출처: New York City Department of Design and Construction : Times Square Reconstruction, CB5 Presentation, 2011.9.26.을 토대로 작성)

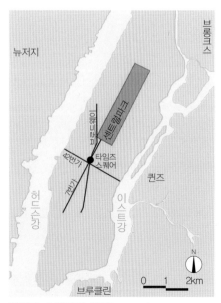

타임즈 스퀘어의 위치(Wikimedia)

BID가 활동을 시작하다

　타임즈 스퀘어 공원화의 배후에는 브로 드웨이 지구 BID의 착실한 활동이 있었다. 브로드웨이는 뮤지컬의 중심지로서 제2차 세계대전 후 번영을 이어왔지만, 70년부터 80년대에 걸쳐 중심이었던 42번가가 폐쇄 되어 방치된 극장이 생겨났다. 1976년 칸 국제영화제에서 황금종려상을 수상한 로 버트 드니로 주연의 영화 '택시 드라이버 (taxi driver)'에서도 그려져 있지만, 타임즈 스퀘어의 주변은 포르노 극장 및 성인대 상 비디오 극장이 증가하였고, 마약 판매 상이 급증한 위험한 지구가 되었다. 1980 년대에 뉴욕주와 시가 42번가 개발을 진행 했지만, 부동산 불황으로 계획은 추진되지 못하였다. 지역의 토지소유자 및 기업가들 이 1992년에 타임즈 스퀘어 BID를 설립하 였다. BID의 최초 10년간의 주요활동은 큰 문제로 대두되었던 도로청소, 홈리스 대책, 그리고 범죄대책이었다.

　1993년에 줄리아니 시장이 당선되어 재 개발계획을 적극적으로 추진하였으며, 월 트 디즈니사와 직접 접촉하여 폐쇄되었던 뉴암스테르담 극장의 개수공사를 실시하 였다. 디즈니사는 1994년에 '미녀와 야수' 를 브로드웨이에서 히트시키고, 1997년에 새롭게 개장한 뉴암스테르담 극장에서 '라 이언 킹'을 개막하여 대성공을 거두었다. 현재에도 롱런되고 있는 '라이언 킹'은 지 역 이미지를 크게 변화시켰다. 이 성공 이 후 MTV, 바이어컴(Viacom), 메리어트 등이 타임즈 스퀘어에 진출했다. 줄리아니 시장 은 조닝 조례를 개정하여 성매매업소를 타 임즈 스퀘어 주변에서 쫓아내고, 경찰관을 대폭 늘려 치안 회복에 노력함으로써 관광 객 및 사람들의 발길을 되돌리며 활력을 되찾게 되었다.

　타임즈 스퀘어는 브로드웨이 7번가에 비스듬히 교차되어 있기 때문에 자동차의 교통이 정체되는 구간이었다. 교차점은 증 가한 보행자와 자동차가 뒤섞여 혼잡해졌 으며, 인파는 회복되었지만 혼잡과 혼란은

자동차 배제 전 브로드웨이

광장화된 브로드웨이

칭찬받지 못하였다.

타임즈 스퀘어 BID는 새로운 과제로 떠오른 혼잡과 혼란에 대응하기 위하여 민간 전문가조직에게 교통량조사 등 현상 파악을 의뢰하여 개선안을 도출하는 등 활동을 실시하였다. 2004년에 BID는 타임즈 스퀘어 얼라이언스로 개칭되었지만, 타임즈 스퀘어의 공간 재편은 전문가와 함께 조사, 워크숍, 그리고 공간의 광장화의 제안 등이 이어졌다.

뉴욕시와 BID가 연계

2002년에 줄리아니 시장을 이어 블룸버그 시장은 2기째인 2007년에 도시개조의 장기 비전과 정책을 정리한 "PlaNYC"를 발표하였다. 또한 시 교통국에 취임한 자넷 시티크 칸 국장은 'PlaNYC'에 기술된 전체 커뮤니티가 도보 10분권 내에 공원을 갖춘다는 목표를 강력하게 추진하였다. 타임즈 스퀘어에서는 BID가 검토하여 제안한 교차점의 개량과 광장화를 참고하여 실제로 반영되었다. 시 교통국은 광장화를 추진하면서 BID를 포함한 이해관계자와 협의를 추진하였으며, 2009년에 대규모의 사회실험을 실시하였다. 사회실험에서는 시의 상세한 보고서와 함께 제출된 BID 독자의 평가조사에서도 광장의 영구화에 대한 지지는 매우 높았으며, 2010년에 블룸버그 시장의 광장의 영구선언에도 연결되어 있다.

광장영구화 선언 이후에도 광장의 디자인과 시공에 대하여 BID는 시 교통국과 협의를 거쳐 개수공사를 실현시키고 있다. 2015년에는 광장에서 팁을 무리하게 요구하는 사람들의 행위를 방지하기 위하여 BID가 상세한 관리운영방안을 제안하였고 시는 조례에 반영하게 되었다.

새롭게 광장화된 부분을 포함하여 BID는 테이블 및 의자의 설치 등 일상적인 관리운영에서 12월 31일의 카운트다운과 같은 대규모의 이벤트의 입안실시까지 담당하고 있는 등 중요한 역할을 하고 있다.

테이블과 의자는 BID인 타임즈 스퀘어 얼라이언스가 관리하고 있다.

2008년에 개보수된 브로드웨이의 티켓판매소 'tkts'는 로마의 스페인계단처럼 사람들에게 사랑받고 있다.

신토라 거리의 'DESIGN ACADEMY' 활동

'신토라 거리 CORE'에서의 새로운 시도

도라노몽 지역 신토라 거리의 지역 매니지먼트 활동거점 중 하나인 '신토라 거리 CORE'에서 2018년 11월부터 'DESIGN ACADEMY' 활동이 이루어지고 있다. 'DE-SIGN ACADEMY'는 도쿄 대학 생애기술연구소(Institute of Industrial Science: IIS)와 세계 최고의 예술 및 디자인계의 대학원대학인 RCA(Royal College of Art)가 공동으로 설립한 'RCA–IIS Tokyo Design Lab'의 디자인 이노베이션 교육 프로그램이다. 모리빌딩 주식회사와 일반 재단법인 모리기념재단이 이 활동을 지원하고 있다.

크리에이티브 커뮤니티를 목표로 하다

이 활동은 지역의 가치를 높이고 지역을 활성화시키기 위한 최첨단 콘텐츠로 불린다. 제공되는 '디자인 이노베이션 교육 프로그램'과 연계하여 연구기관·상품 서비스 개발·경영전략 등에 관련된 기업인과 행정·교육, 창조성에 관련된 광범위한 직업·사업의 관계자들이 모여서 배우고 교류하고 발신한다.

활동의 중심인물은 RCA 이노베이션 디자인 엔지니어링 학부장이었던 마일즈 페닝턴 도쿄 대학 교수다.

워크숍에서는 디자인 사고를 기초로

신토라 거리 CORE(모리빌딩 주식회사 기사 발표 자료(2018년 9월 26일))

제품·서비스의 프로토타이핑(prototyping) 을 실시하고, 이노베이션을 창출하는 디자인 엔지니어링 수법 및 이노베이션 방법론을 배운다. 배움의 장을 통하여 다양한 업종·세대에 걸친 전문가들과 교류하고, 크리에이티브 커뮤니티의 연결고리를 넓히고 있다.

2018년 11월에는 이틀씩 2회에 걸쳐 'Design Thinking for Disruptive Innovation' 을 주제로 RCA와 도쿄 대학 강사의 지도 하에 워크숍이 실시되었다. 30명씩 참가한 수강생들은 제1기 커뮤니티로서 교류를 이어가고 있다.

이 후에도 'Business Futures: Speculative Design for Business', 'Design Thinking Design Doing' 등을 주제로 연이어서 워크숍이 전개되고 있다.

또한 디자인 랩이 일상적인 토크 이벤트 시리즈인 'Inspire Talk'를 병행해 개최하고 있다. 과학과 디자인에 관련한 도쿄 대학 및 각계의 저명한 연사의 다채로운 강연을 중심으로 파티 등을 통하여 참가자의 교류가 진행되고 있다.

이러한 활동은 방송에도 종종 취재되고 있으며, 이 지역의 이노베이터와 스타

트업을 불러들이는 원동력의 하나가 되기를 기대하고 있다.

신토라 거리 CORE에서의 워크숍 모습

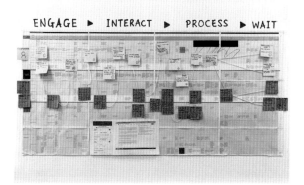

워크숍에서 작성된 보드

지금부터의 지역 매니지먼트

이 책은 모리기념재단의 지역 매니지먼트 관련 두 번째 저서다. 첫 번째, 두 번째에서 주로 대상으로 한 지역 매니지먼트의 사례 및 체계 등은 민간이 중심이 된 지역 매니지먼트 활동 사례이며, 대상지역은 대도시 도심부의 업무지역, 상업지역, 혹은 지방도시 중심부의 사업지역이다.

그러나 지금부터의 지역 매니지먼트를 생각한다면 보다 다양한 사례를 고려할 필요가 있다. 첫 번째는 민간과 공공이 보다 적극적인 협동을 도모하는 지역 매니지먼트이며, 둘째는 시가지 개발 사업과 연계한 지역 매니지먼트이며, 셋째는 주택시가지를 대상으로 하는 지역 매니지먼트다. 그리고 앞으로의 도시 만들기의 중심적인 접근방식이 될 입지 적정화 계획에 의한 마을만들기에서의 지역 매니지먼트다.

1. 공공과 민간의 연계에 의한 지역 매니지먼트

공공과 민간의 연계에 의한 지역 매니지먼트는 이미 전개되고 있는 사례를 이 책에서 소개하고 있다. 지역 매니지먼트는 지역의 가치를 높이고, 그 결과 지역의 이해관계자에게 이익을 주는 것과 동시에 공공(지자체)에도 세수 증가 등의 효과가 있다. 이것은 지역 매니지먼트를 공공과 민간이 연계하여 추진해야 할 가능성과 필요성을 보여주고 있다고 생각한다. 지방도시 도심부에서도 지금까지 공공(지자체)이 도심부 재생의 실험을 추진했지만 그 대부분이 실패로 돌아오고 있다. 그 요인의 하나로 생각할 수 있는 것이 행정이 도심부의 범위를 계획구역으로 넓게 설정하여 재생을 시도하고 있기 때문이라고 생각한다. 특히 지자체의 재정능력이 약화되고 있는 지금의 상황에서는 지역을 한정하여 재원을 투입할 필요가 있다. 이는 마을만들기의 효과가 있을 것으로 판단되는 지역의 이해관계자가 지역 매니지먼트 활동을 적극적으로 전개하여 공공이 재원을 투입하는 효과가 높다고 판단되는 지역에 한정하여 대응할 필요가 있다.

2. 시가지 개발사업과 지역 매니지먼트의 연계

시가지 재개발사업 및 토지구획 정리사업은 모두 사업 완료 후 지역 및 주변 지역의 매니지먼트와 관련한 명확한 방침이 없는 경우가 많다. 시가지 재개발사업은 개발사업 그 자체의 매니지먼트는 퍼실리티 매니지먼트의 수준에서 실시되고 있지만, 지역 매니지먼트의 발상은 기본적으로 없는 경우가 많다. 즉, 시가지 재개발사업을 주변 지역의 활성화에 연계하는 지역 매니지먼트의 발상이 지금까지 없었던 것이 일반적이었다. 그러나 최근에는 시가지 재개발사업의 주변지역을 포함한 지역 매니지먼트를 실천하는 사례가 나오고 있으며, 지역 전체의 성과가 나타나면서 앞으로 적극적으로 범위를 넓혀 진개할 필요성이 있다.

또한 토지구획 정리사업도 사업이 완료되면 사업조직은 해산되고, 이후 사업구역 내 매니지먼트는 별로 생각하지 않는 것이 일반적이다. 즉, 토지구획 정리사업이 사업 후의 지역 전체의 마을만들기에 대하여 별도의 방침을 가지고 있는 사례는 거의 없으며, 이해관계자에게는 지역과제로서 인식되고 있는 단계다.

3. 주택시가지의 지역 매니지먼트

현재 주택시가지를 대상으로 한 지역 매니지먼트가 필요하며, 실천하고 있는 사례가 있다. 미국에서는 HOA^{HOME OWNERS ASSOCIATION}에 의한 주택지의 지역 매니지먼트가 일반적으로 전개되고 있다. 그 중심적인 역할은 거주지 이동이 많은 미국에서는 거주하고 있는 주택의 가치를 유지하고 이주 시에 고가로 주택을 매각하기 위한 것이라고 설명하고 있다.

일본에서도 주생활기본법^{住生活基本法}이 제정되었으며(2006), 이 전국 계획에서 지금까지 일본의 주거 만들기의 새로운 생각이 4가지로 정리되어 있다. 그중 하나가 '자산가치의 평가·활용'이다. 구체적으로는 주택시가지의 가치를 유지하고, 가치를 높이기 위한 활동이며, 건축협정, 지구계획 등의 수법으로 지역 매니지먼트가 전개되고 있다.

그러나 대도시에서는 도심부 및 중심부에서의 거주 동향이 현저히 나타나고 있으며, 교외에서는 양호하지 않은 주택시가지가 확대되고 있고, 또한 양호하게 형성된 주택시가지 내에서는 대지분할에 의한 세분화, 공동주택의 혼재 등 시간이 경과됨에 따라

주거환경이 악화되고 있는 지역이 증가하고 있다. 한편, 지방도시에서는 자동차 이용으로 교외의 주택시가지가 형성되어 왔지만, 그 대부분이 일반주택 시가지로서 인구감소 및 고령화사회의 도래로 활용이 적거나 활용되지 않는 토지의 발생 및 빈 땅·빈집이 확대되고 있다.

이러한 지역은 앞으로 더욱더 급격히 진행될 것으로 예상되는 인구감소, 세대감소로 공가화 및 공지화가 진행되며, 방범·방재상의 문제가 있는 시가지로 변화될 것으로 전망된다. 이러한 경향은 지방도시에서는 이미 현저하게 나타나고 있다. 이러한 사태에 대처하기 위해서는 주택시가지의 지역 매니지먼트가 필요하다.

4. 입지 적정화 계획과 지속가능한 도시 만들기에 관하여

앞으로의 도시 만들기의 기본은 입지 적정화 계획의 내용을 근거로 생각할 수 있다. 입지 적정화 계획은 제반기능이 집적된 고밀지역Compact Area과 저밀로 지속가능한 지역Sustainable Area으로 이분화하고, 서로 관계를 가진 2개의 지역이 존재하는 마을만들기를 생각하는 것이다. 또한 제반기능이 집적한 고밀지역과 저밀로 지속가능한 지역은 각각 다른 지역 매니지먼트의 목적과 수법이 필요하다.

제반기능이 집적된 고밀지역Compact Area은 인프라 투자가 앞으로도 시대에 맞게 명확하게 추진되어 다양한 시민이 편리하게 이용할 수 있도록 공공과 민간 연계의 마을만들기가 전개되는 지역이다.

인프라 투자 및 공공과 민간 연계의 마을만들기는 지역 매니지먼트 활동에 의해 실현된다. 즉, 공공에 의한 새로운 인프라 투자가 지역에서 활용되기 위한 공공과 민간 연계의 마을만들기는 고밀지역에서 활용되도록 지역 매니지먼트가 추진될 필요가 있다.

공공에 의한 새로운 인프라 투자는 앞으로의 새로운 사회동향, 즉 고령화사회, 저출산사회 더 나아가 인구감소사회 등의 동향을 전망한 공공의 인프라 투자이며, 또한 이 인프라 투자를 민간이 적극적으로 활용하는 구조가 준비된 마을만들기다.

이는 또한 민간의 투자와 공공의 투자가 상승효과를 가져와 지역가치를 높여 민간에게는 사업수익 증가를 가져오고, 공공에게는 세수증가를 이끌어내는 마을만들기다.

한편 저밀도의 지속가능한 지역Sustainable Area에서는 이미 투자된 인프라를 정리하는 것과 가능하다면 저밀지역을 선택한 주민이 인프라를 유지관리하는 조직(지역 매니지먼트 조직)을 구축하는 마을만들기다.

저밀지역에서는 매력적인 공간정비가 농지, 산지 등을 활용하여 진행되며, 생겨난 공지나 생겨나고 있는 공지 또한 앞으로 저밀지역에서 필요로 하는 기능, 구체적으로는 고령자 등을 대상으로 한 건강·레저 등의 시설용지, 제반기능이 집적된 고밀지역에서는 준비되어 있지 않는 운송용지, 시민이 적극적으로 활용하는 방재공간을 포함한 농업용지 등이 적절히 배치된 지역이다.

이는 행정의 인프라 유지관리비용을 감소시키는 한편, 저밀에서 지속가능한 거주를 선택한 시민의 생활방식을 지원하는 것이다.

주요 참고문헌

- 小林重敬＋森記念財団『まちの価値を高めるエリアマネジメント』学芸出版社、2018
- 小林重敬「Business Improvement District(BID)の現状と可能性」『土地総合研究』2014春号、pp.116-127、2014
- 森記念財団「森ビル株式会社委託調査 国内外のエリアマネジメント制度に関する研究、海外BIDの広域連携に関する事例調査および国内のエリアマネジメント活動事例集の作成業務 報告書」2019年3月
- 地域再生エリアマネジメント負担金制度ガイドライン(https://www.kantei.go.jp/jp/singi/sousei/about/areamanagement/h310328_guideline3.pdf)
- 民間まちづくり活動の財源確保に向けた枠組みの工夫に関するガイドライン(https://www.mlit.go.jp/common/001262641.pdf)

1) 御手洗潤・平尾和正・堀江佑典 「エリアマネジメントの地域特性に関する分析」『第32回学術講演会論文集』日本不動産学会、pp.45-52、2016
2) 李三洙・小林重敬 「大都市都心部におけるエリアマネジメント活動の展開に関する研究―大手町・丸の内・有楽町(大丸有)地区を事例として―」『第39回日本都市計画学会学術研究論文集』pp.745-750、2004
3) 丹羽由佳理・園田康貴・御手洗潤・保井美樹・長谷川隆三・小林重敬 「エリアマネジメント組織の団体属性と課題に関する考察：全国エリアマネジメントネットワークの会員アンケート調査に基づいて」『日本都市計画学会学術研究論文集』Vol.52、No.3、pp.508-513、2017
4) 豊田市中心市街地活性化協議会 「あそべるとよたプロジェクトペデストリアンデッキ広場飲食等運営事業者(出展者)募集します!」(http:// asobe-ru toyota.com/2019doc/bosyuTCCM0320.pdf)
5) 中田翔吾・原井川未樹・加藤大智・金森星哉 「福岡市中央区天神地区のオープンカフェ事業にみる成果と課題」『地理学報告』118、pp.75-82、2016
6) 東京都都市計画局「まちづくり団体の登録制度」(http://www.toshiseibi.metro.tokyo.jp/seisaku/fop_town/syare03.htm)
7) 国土交通省都市局まちづくり推進課官民連携推進室『担い手が語る官民連携まちづくりの記録―新たな担い手のカタチー』(2018年1月)
8) 日経BP社『新・公民連携最前線PPP まちづくりー「日本版BID導入以前」の事例にエリアマネジメントを学ぶ』
9) 大阪市 「大阪市うめきた先行開発地区エリアマネジメント活動事業分担金条例」(https://www.city.osaka.lg.jp/toshikeikaku/page/0000305551.html)
10) NPO法人大丸有エリアマネジメント協会(リガーレ)(http://ligare.jp) 大丸有地区エリアマネジメントレポート(2019年3月発行)(http://www.otemachi-marunouchi-yurakucho.jp/wp/wp-content/themes/daimaruyu/pdf/amr2019.pdf)
11) 遠矢晃穂・嘉名光市・蕭閏偉 「公共空間における利用者アクティビティの通年変化に関する研究―「グランフロント大阪北館西側歩道空間における座具設置社会実験」を対象として―」『日本都市計画学会学術研究論文集』Vol.54、No.3、pp.375-382、2019
12) 川口和英「集客の科学」技報堂出版、2011
13) 和泉洋人 「地区計画策定による土地資産価値増大効果の計測」『都市住宅学』23、pp.211-220、1998
14) 保利真吾・片山健介・大西隆 「特定街区制度を活用した容積移転による歴史的環境保全の効果に関する研究：東京都心部を対象としたヘドニック法による外部効果の推計を中心に」『都市計画論文集』43-3、pp.234-240、2008
15) 高暁路・浅見泰司 「戸建住宅地におけるミクロな住環境要素の外部効果」『住宅土地経済』38、pp.28-35、2000
16) 平山一樹・要藤正任・御手洗潤 「エリアマネジメントによる地価への影響の定量分析」『公益社団法人日本不動産学会 2015年度秋季全国大会(第31回学術講演会)論文集』pp.13-20、2015
17) 北崎朋希 「エリアマネジメント活動における費用対効果の検証―ニューヨーク市フラットアイアン地区BIDを対象として」『都市計画報告集』16、2018
18) 武田ゆうこ・藤原宣夫・米澤直樹 「コンジョイント分析による都市公園の経済的評価に関する研究」『ランドスケープ研究』No.67、Vol.5、pp.709-712、2004

일반재단법인 모리기념재단(森記念財團)
모리기념재단은 1981년에 설립되어 보다 좋은 도시 형성을 위해 일본의 사회, 경제, 문화 변화에 대응하고 시대에 맞는 도시만들기, 마을만들기에 관한 조사연구 및 보급, 개발을 주체로 한 공익적인 사업 활동을 전개하고 있다.

[저자 소개]
고바야시 시게노리(小林重敬)
일반 재단법인 모리기념재단 이사장, 요코하마 국립대학 명예교수, 전국 지역 매니지먼트 네트워크 회장, 공학박사

후쿠토미 미츠히코(福富光彦)
일반 재단법인 모리기념재단 전무이사

니시오 시게키(西尾茂紀)
일반 재단법인 모리기념재단 상급연구원

소노다 야스다카(園田康貴)
일반 재단법인 모리기념재단 상급연구원

와키모토 케이지(脇本敬治)
일반 재단법인 모리기념재단 연구원

호리 히로후미(堀裕典)
일반 재단법인 모리기념재단 연구원, 박사(공학)

니와 유카리(丹羽由佳里)
도쿄 도시대학 환경학부 환경창생학과 준교수, 박사(환경학), 1급건축사

[협력]
전국 지역매지니먼트 네트워크
주식회사 어번어소시에이트
NPO법인 다이마루유 지역매니지먼트협회(리가레)
모리빌딩 주식회사
다키 노리코(滝典子), 이와이 모모코(岩井桃子)

[감사]
이 책을 작성하기 위해 전국의 지역 매니지먼트 단체와 관계자들에게 자료와 최신 정보를 제공받는 등 많은 협력을 받았습니다. 깊이 감사드립니다.